EDITION Leidfaden

Hrsg. von Monika Müller, Petra Rechenberg-Winter,
Katharina Kautzsch, Michael Clausing

Die Buchreihe *Edition Leidfaden – Begleiten bei Krisen, Leid, Trauer* ist Teil des Programmschwerpunkts »Trauerbegleitung« bei Vandenhoeck & Ruprecht, in dessen Zentrum seit 2012 die Zeitschrift »Leidfaden – Fachmagazin für Krisen, Leid, Trauer« steht. Die Edition bietet Grundlagen zu wichtigen Einzelthemen und Fragestellungen für Tätige in der Begleitung, Beratung und Therapie von Menschen in Krisen, Leid und Trauer.

Norbert Mucksch / Traugott Roser

Männer trauern als Männer

Praxisbuch für eine genderbewusste Trauerbegleitung

Vandenhoeck & Ruprecht

Mit 4 Abbildungen

Bibliografische Information der Deutschen Nationalbibliothek:
Die Deutsche Nationalbibliothek verzeichnet diese Publikation in der
Deutschen Nationalbibliografie; detaillierte bibliografische Daten sind
im Internet über https://dnb.de abrufbar.

© 2023 Vandenhoeck & Ruprecht, Robert-Bosch-Breite 10, D-37079 Göttingen,
ein Imprint der Brill-Gruppe
(Koninklijke Brill NV, Leiden, Niederlande; Brill USA Inc., Boston MA, USA;
Brill Asia Pte Ltd, Singapore; Brill Deutschland GmbH, Paderborn, Deutschland;
Brill Österreich GmbH, Wien, Österreich)
Koninklijke Brill NV umfasst die Imprints Brill, Brill Nijhoff, Brill Hotei,
Brill Schöningh, Brill Fink, Brill mentis, Vandenhoeck & Ruprecht, Böhlau,
V&R unipress und Wageningen Academic.

Alle Rechte vorbehalten. Das Werk und seine Teile sind urheberrechtlich
geschützt. Jede Verwertung in anderen als den gesetzlich zugelassenen Fällen
bedarf der vorherigen schriftlichen Einwilligung des Verlages.

Umschlagabbildung: Foto: Traugott Roser

Satz: SchwabScantechnik, Göttingen
Druck und Bindung: ⊕ Hubert & Co. BuchPartner, Göttingen
Printed in the EU

Vandenhoeck & Ruprecht Verlage | www.vandenhoeck-ruprecht-verlage.com

ISSN 2198-2856
ISBN 978-3-525-40796-7

Inhalt

1	**Einführung: Trauern Männer anders?**	9
1.1	Trauer und Gender	11
1.2	Kulturen der Trauer	15
1.3	Was weiß man darüber, wie Männer trauern? Stand der Forschung	21
1.3.1	Abschied von Genderstereotypisierung: Kenneth J. Doka	21
1.3.2	Ein Gespräch mit Kenneth J. Doka	24
1.3.3	Persönlichkeitsveränderungen nach dem Tod eines Partners oder einer Partnerin?	31
1.3.4	Zunahme von Depression bei verwitweten Männern	34
1.3.5	Kognitive Veränderungen	36
1.3.6	Geschlechtsbezogene Stereotype und ihre Anwendung auf die eigene Person	38
1.4	Körper und Trauer	40
1.4.1	Trauer, die unter die Haut geht: Trauer-Tattoos	42
1.4.2	Nicht stehen bleiben: Trauerpilgern	50
2	**Männer und ihre Trauer: Beispiele aus erster und zweiter Hand**	59
2.1	Vorbemerkungen	59
2.2	Verloren und wiedergefunden: Trauerweg nach einer überlebten Reanimation – Selbstbericht eines Klinikseelsorgers (Klaus Aurnhammer)	61
2.3	Verlust eines Kindes im Alter von drei Jahren – sieben Fragen und Antworten (Herr S.)	68
2.4	Tod des Vaters durch Schienensuizid – ein Interview mit dem trauernden Sohn (Peter Kaiser, Pseudonym)	78
2.5	Trauer um den Sohn, der an einer Drogenerkrankung verstarb – Beschreibung des Trauerwegs von Erhard Holze auf Basis eines Interviews	91
2.6	Trauer nach dem Tod des Lebenspartners – ein Selbstbericht (Traugott Roser)	96
2.7	Männertrauer nach einer Scheidung – ein Selbstbericht im Gespräch (Bertram Walter, Pseudonym)	100

2.8 Versöhnung mit dem Vater – ein Selbstbericht (Norbert Mucksch) 110
2.9 Verlorene Persönlichkeit: Trauerweg nach Verlust der körperlichen Unversehrtheit und nach frühem Verlust der Arbeitsfähigkeit – ein Selbstbericht (Jan Berger, Pseudonym) ... 113
2.10 Einblicke in die Begleitung trauernder Männer – aus der Praxis einer Psychotherapeutin (Esther Sühling) 118

3 Kreativität wagen in der Begleitung: Anregungen für die Praxis 123
3.1 Dorthin (mit-)gehen, wo Trauernde hingehen 124
3.2 Lyrische Texte und expressive Bilder 127
    3.2.1 »Aufhebung« – Erich Fried 127
    3.2.2 »Abraham beweint Sarah« – Marc Chagall 128
    3.2.3 »Alter Mann in Trauer« – Vincent van Gogh 130
    3.2.4 »Unterwegs nach Emmaus« – Janett Brooks-Gerloff 131
    3.2.5 »Der Tod im Krankenzimmer« – Edvard Munch 133
3.3 Arbeit mit Songtexten 138
    3.3.1 »Tears in Heaven« – Eric Clapton 139
    3.3.2 »Der Weg« und »Männer« – Herbert Grönemeyer 142
    3.3.3 »Dann mach's gut« – Reinhard Mey 146
    3.3.4 Anregungen für die Praxis – eine Schreibwerkstatt 147
3.4 Trauern auf der Leinwand – Veranstaltung mit Filmen: »Wie Männer trauern« 148
    3.4.1 Allgemeine Anregung zur Arbeit mit Filmen 149
    3.4.2 Trauer als Dauerthema in populären Männerfilmen 151
    3.4.3 Körperbasierte Trauerarbeit 151
    3.4.4 Aus dem Leben geworfen 152
    3.4.5 Trauer als fremdartige Lebensbedrohung 153
    3.4.6 Vom Zyniker zum Liebhaber des Lebens 155
    3.4.7 Trauer als Weg der Entscheidung 157
    3.4.8 Trauer um ein erwachsenes Kind 159
    3.4.9 Die Trauer eines Sohnes 160
    3.4.10 Trauer unter tabuisierten Umständen 161

4 Nachbetrachtung 163

Quellen 165
Literatur 165
Filme/Serien 167
Songs 168

Aufhebung

*Sein Unglück
ausatmen können*

tief ausatmen so dass man wieder einatmen kann

*Und vielleicht auch sein Unglück
sagen können in Worten
in wirklichen Worten
die zusammenhängen
und Sinn haben
und die man selbst noch
verstehen kann
und die vielleicht sogar
irgendwer sonst versteht
oder verstehen könnte*

Und weinen können

das wäre schon fast wieder Glück

Erich Fried (1921-1988)

Der Tod eines Freundes (philia)

Die Heimat ward mir zur Qual und das Vaterhaus zu unsagbarem Leid; was ich mit ihm gemeinschaftlich genossen, das wandelte sich ohne ihn zu unendlicher Qual.
Überall suchten ihn meine Augen, aber ich fand ihn nicht […].

Ich war mir selbst zur großen Frage geworden und ich nahm meine Seele ins Verhör, warum sie traurig sei und mich so sehr verstört, und sie wusste mir nichts zu sagen.

Wenn ich ihr sagte: »Hoffe auf Gott«, so gab sie billig kein Gehör. Denn wirklicher und besser war der Mensch, mit dem sie den liebsten verloren hatte, als der Truggott, auf den zu bauen sie geheißen war.

Einzig das Weinen war mir süß und es war an meines Freundes statt gefolgt als die Wonne meines Herzens.

Augustinus (354–430 n.Chr. – Bekenntnisse, Buch IV, Kap. 4)

1 Einführung: Trauern Männer anders?

Noch ein Buch über »Männertrauer«: Ist nicht schon zur Genüge darüber gedacht und geschrieben worden, wie Männer angeblich und typischerweise trauern? Und gibt es nicht genügend Bücher, die zu beschreiben versuchen, dass Männer anders trauern?

Das vorliegende Buch versucht schon durch seinen Titel deutlich zu machen, dass es nicht um Männertrauer geht, sondern um trauernde Männer. Die vielfach vertretene These, dass Männer anders trauern, scheint uns nicht nur gewagt zu sein, sie ist viel zu pauschal und wird Männern in ihrer je individuell ausgeprägten Trauer nicht gerecht.

Ja, es gibt Männer, die anders trauern als Frauen. Ebenso gibt es Frauen, die ganz anders trauern als andere Frauen. Trauer ist höchst individuell und persönlich und findet in jedem Menschen (ob Mann, Frau oder nonbinär, asexuell, homosexuell, heterosexuell, monoamor oder polyamor) ihren ganz eigenen Ausdruck. Damit dies gut gelingen kann, braucht es unterstützende Rahmenbedingungen, Orte, Räume, Gelegenheiten. Auch dies gilt grundsätzlich für alle trauernden Menschen, unabhängig von Geschlecht und sexueller Orientierung. An dieser Stelle ist sicherlich die Frage angebracht, ob solche Rahmenbedingungen gleichermaßen gut für Männer und für Frauen – oder besser: für alle Menschen – gegeben sind. Wenn wir in der Einführung zu diesem Buch die Frage nach den Rahmenbedingungen aufwerfen, dann sei auch darauf hingewiesen, dass diese in unterschiedlichen kulturellen Kontexten gesehen werden müssen. Beispiele aus anderen Kulturen können hilfreich sein im Hinblick auf Trauer von Männern im westeuropäischen Kontext. In jedem Fall können auch sie belegen, dass Männer nicht qua Geschlecht per se anders trauern.

Wir möchten mit diesem Buch vor allem sensibilisieren und den Blick weiten für die Frage der Trauer von Männern und haben deshalb einen offenen Titel für dieses Buch gewählt: »Männer trauern als Männer«. Denn auch bei den genannten Vorbehalten gilt festzuhalten, dass wir auch beim Thema »Trauer« Genderfragen nicht außer Acht lassen können. Ein trauernder Mann trauert auch in seiner Mannrolle und (je nach Generation) auch in seinem »Gewordensein« mit seiner spezifischen Sozialisation als Mann sowie in seiner individuellen Prägung durch seine männlichen Bezugspersonen, zum Beispiel seinen ebenfalls männlich sozialisierten Vater – sofern ein solcher vorhanden war. Und auch die Vätergeneration wurde durch ein vorherrschendes Männerbild geprägt.

Allein an diesem kleinen Beispiel wird deutlich, wie vielschichtig das Thema ist und wie komplex der entsprechende Theoriediskurs zwischen konstruktivistischem Begriff und Geschlechterdualismus sein kann. Wir möchten einige uns wesentlich erscheinende Aspekte beleuchten. Dazu betrachten wir das Thema aus ganz unterschiedlichen Blickwinkeln. Im Buch kommen Menschen zu Wort, die Trauererfahrungen haben oder in Forschung und Trauerbegleitung tätig sind. Die Fallschilderungen, Interviews und Beiträge sind unkommentiert wiedergegeben und stehen für sich, auch mit den darin beschriebenen Vorstellungen von »Männlichkeit«; sie geben nicht in jedem Fall die Meinung der Autoren dieses Bandes wieder. Dazu gehören Beispiele aus der Fachliteratur, aus der Lyrik, der bildenden Kunst, der Musik, aus dem Film sowie aus anderen Kulturen.

Im Mittelteil des Buches finden sich authentische Fallbeispiele von Männern in Trauer mit ganz unterschiedlichen Hintergründen.

1.1 Trauer und Gender

Ein Buch, das sich kritisch mit der Frage beschäftigt, ob es eine geschlechtsspezifische Trauer gibt, ob also Männer qua Geschlecht anders trauern als Frauen, kommt um eine Beschäftigung mit der Genderdiskussion nicht herum. Das Genderthema und die damit zusammenhängende Bewusstwerdung und der mitunter mühsame und schwierige, aber zugleich auch wichtige Prozess dieser gesellschaftlichen Aufgabe können dazu beitragen, ungute und wenig hilfreiche Zuschreibungen zu identifizieren und bestenfalls aufzulösen.

Wolfgang Funk weist darauf hin, dass unser Geschlecht seit jeher als zentrale Identifikationskategorie fungiert (2018, S. 7). Er führt als ein markantes Beispiel die (zumindest lange) übliche Markierung der Geschlechter mit einer farblichen Zuordnung von Blau und Rosa an. Damit wurden bzw. werden Neugeborene oft schon vorgeburtlich in eine symbolische Grundordnung eingepflegt. Diese Zuschreibung setzt sich im weiteren Leben fort. So wird die*der eine oder andere Leser*in diese Zuordnung vielleicht noch von den Besuchen des Schulzahnarztes oder der Schulzahnärztin kennen. Diese farbliche Zuordnung muss zunächst einmal als willkürlich betrachtet werden, darüber hinaus aber natürlich auch als eine Festlegung, die den individuellen Merkmalen einzelner Menschen nicht gerecht wird. Ausgehend von solchen Überlegungen kommt Funk auf eine zentrale Gegenüberstellung in Form einer Kernfrage, die da lautet: Ist Geschlecht eine essenzielle oder eine konstruierte Identifikationskategorie? Diese Gegenüberstellung zweier gegensätzlicher Theorien kann ein Schlüssel sein zum Verständnis fester Zuschreibungen an Männer wie auch Frauen oder auch entsprechender Etikettierungen und deren mitunter missbräuchlicher, in jedem Fall aber wenig hilfreicher Verwendung.

Dabei geht es letztlich um den Wahrheitsbegriff und um die philosophische Frage, ob Wahrheit überhaupt essenziell, also absolut, sein kann. Dem gegenüber steht die konstruktivistische Position, ob Wahrheit nicht immer ein relatives Konstrukt ist und damit auch veränderbar in Abhängigkeit von Auslegungen. Die Genderdiskussion in unserer Gesellschaft und ganz speziell auch in der Trauerforschung und Trauerbegleitung muss sich dieser zentralen Frage stellen. Gibt es eine »endgültige, unveräußerliche und vom Standpunkt der Betrachtung unabhängige Ursache, und damit gleichzeitig eine absolute Erklärung, für die Konfiguration menschlicher Geschlechter«? (Funk, 2018, S. 9) oder ist zum umfänglichen und individuellen Verständnis von (hier trauernden) Menschen nicht ein anderes, dynamischeres Verständnis wichtig und angemessen? Das konstruktivistische Verständnis sieht im Gegensatz zum essenziellen Verständnis das Geschlecht nicht als absolute Kategorie, sondern als relative Kategorie, die etwa auch den Zeitläufen und Entwicklungen unterworfen ist. Das soziale Geschlecht kann als sozialer Konstruktionsprozess gesehen werden (vgl. Steffen, 2006).

An den Gedanken und Ausführungen des Genderforschers Funk wird deutlich, dass es zentral ist, zwischen dem biologischen Geschlecht und dem sozialen Geschlecht zu unterscheiden. Die körperlich-biologischen Unterschiede zwischen Männern und Frauen sind laut Funk eine relativ statische Größe. Das soziale Geschlecht hingegen ist eindeutig wandelbar. Das gilt in Konsequenz natürlich auch für die Möglichkeiten, emotional zu sein, und für die Fähigkeit, Trauer zu spüren und auszudrücken. In der englischen Sprache wird zwischen biologischem (sex) und sozialem Geschlecht (gender) unterschieden. Letz-

teres entspricht der gesellschaftlich geprägten und individuell erlernten Geschlechterrolle, die durch Kultur und Wirtschaftssystem und durch die in der Gesellschaft geltenden rechtlichen und religiösen Normen und Werte bestimmt ist und wandelbar ist. Der Genderbegriff umfasst alle psychologischen, sozialen und kulturellen Dimensionen von Geschlechtszugehörigkeit, so beispielsweise:
- soziale Rollen,
- Eigenschaften,
- Verhaltensweisen,
- soziale Zuordnungen,
- kulturelle Zuschreibungen, die nicht biologisch vorgegeben sind.

Wenn das soziale Geschlecht ein selbst- und fremdbestimmter Konstruktionsprozess ist, dann können Jungen wie Mädchen auch gegen das eigene Genderempfinden geprägt bzw. sozialisiert werden. Das folgende Zitat der britischen Sozialwissenschaftlerin Clare Moynihan nimmt einen weiteren Aspekt in den Blick: »Gender is not something we are, but something we do in social interactions« (1998, S. 1073).

Darum trägt dieses Buch auch nicht einen der bislang auf dem Büchermarkt üblichen Titel wie »Frauentrauer – Männertrauer« oder »Warum trauern Männer anders?«. Männer trauern als Männer mit ihrem individuellen sozialen Geschlecht und mit sehr unterschiedlichen Chancen und Möglichkeiten, sich so zu entwickeln, wie es ihren Vorstellungen von sich selbst und vom Mann-Sein entspricht. In ihrer Trauer, die ja auch soziale Interaktion ist, trifft auch für Männer das zu, was man als »doing gender« beschreibt. Sie konstruieren und leben ihr je individuelles Mann-Sein.

Aus einer ganz anderen Perspektive schaut der Neurobiologe Gerald Hüther (2016) auf Männer und ihre Fähigkeiten und Möglichkeiten in der Genderrolle. Hüther startet sein Buch »Männer: Das schwache Geschlecht und sein Gehirn« mit einer kleinen, jedoch zentralen Frage: »Wie wird ein Mann ein Mann?« Mit dieser Frage determiniert er nicht, er legt nicht von vornherein fest, sondern er setzt einen Prozess, eine Entwicklung voraus und diese Entwicklung kann – abhängig von verschiedenen einwirkenden Faktoren – sehr unterschiedlich sein. Einen ganz anderen Zugang zu dieser Frage hat Mitte der 1980er Jahre Herbert Grönemeyer gewählt mit seinem Liedtext: »Wann ist der Mann ein Mann?« Im weiteren Verlauf dieses Buches findet der Grönemeyer-Text mit seinen bewusst zugespitzten Stereotypen noch Erwähnung (siehe Kapitel 3.3.2).

Jenseits von allen Zuschreibungen formuliert Hüther, dass Empathie eine Fähigkeit ist, »über die Frauen im Durchschnitt mehr verfügen als Männer« (2016, S. 11). Im Nachsatz fügt er allerdings in Klammern an: »(wie Sie aber bald erfahren werden, muss es eigentlich heißen ›entwickeln konnten‹)«. Hüther bezieht sich auf den Genderbegriff, das soziale Geschlecht, wenn er sagt, dass wir ebenso wenig als Mann wie auch als Frau geboren werden. Auch, so Hüther, werden wir nicht zum Mann oder zur Frau gemacht, denn »dazu kann man sich nur selbst entwickeln« (S. 11). Mit anderen Worten: Es geht um Entwicklung; es kann und muss sich etwas »ent-wickeln«. Schon von der Wortbedeutung her geht es um einen dynamischen, prozesshaften Begriff, der ganz entscheidend auch mit wirksamen oder auch hinderlichen Rahmenbedingungen zu tun hat.

Der Begriff »Entwicklung« wird in ganz unterschiedlichen Kontexten benutzt. Man findet ihn in der Biologie, in der Produktentwicklung, in den Wirtschaftswissenschaften und – immer noch – auch in der Fotografie. In all diesen Bereichen spielen die Rahmenbedingungen eine bedeutende Rolle. Dies gilt auch für die Entwicklungspsychologie, die in unserem Kontext entscheidend ist. In der Entwicklungspsychologie geht es um Veränderungen im Erleben und Verhalten des Menschen. Wenn zum Beispiel ein Junge sehr eindeutig festgelegt wird auf eine männliche Rolle und im Laufe seiner Kindheit und Adoleszenz sehr eindeutig klassisch und traditionell männlich erzogen und sozialisiert wird, wird dieser Junge – abhängig von weiteren Erfahrungen – möglicherweise ein klassisches Männerbild übernehmen und vertreten. Möglicherweise, denn auch dies ist kein Automatismus, lediglich eine mehr oder weniger deutlich erhöhte Wahrscheinlichkeit. Es geht also darum, den Blick zu weiten über eine geschlechterrollenspezifische und traditionelle Festlegung hinaus. Wenn das gelingt – und diesen Blick haben (trauernde) Männer ebenso wie (trauernde) Frauen »verdient« –, dann hat auch der Titel dieses Buches seine Stimmigkeit: Männer trauern als Männer mit ihrer Individualität, ihrem Gewordensein und mit ihren spezifischen Möglichkeiten auf Basis ihrer Entwicklungschancen im Hinblick auf die sogenannten »weichen« Fähigkeiten und Attribute wie etwa Empathie, Resonanzfähigkeit, emotionale Artikulationsbereitschaft und Berührbarkeit.

1.2 Kulturen der Trauer

Trauer und die Art zu trauern sind weder etwas Einheitliches noch etwas Statisches. So unterscheiden sich Trauerformen abhängig von ihrer Verortung und Entstehung in unterschiedlichen Kulturen. Aber auch innerhalb eines gesellschaftlichen Kontextes ist Trauer nicht etwas stabiles, sondern sie unterliegt gesellschaftlichen Wandlungsprozessen. In der durch die massiven Kriegserfahrungen geprägten noch jungen Bundesrepublik und der noch unmittelbar nachwirkenden Konfrontation mit Tod und Sterben waren die etablierten und sehr selbstverständlich scheinenden Riten und Bräuche der Kirchen für viele ein sicheres und stabilisierendes Gerüst. Die Struktur des vertrauten und etablierten Rituals gab Halt und die klaren Formen und ein fester Ablauf gaben auch Möglichkeiten, Trauer in einer mitmenschlichen Gemeinschaft in gleicher oder ähnlicher Situation auszudrücken. Jeder und jede kannte die ihm oder ihr zugedachte Rolle und verhielt sich dementsprechend und konnte damit mit einer gewissen Sicherheit im Handeln und Verhalten auf einen Todesfall im näheren oder weiteren Umfeld reagieren. Erwachsene männliche Nachbarn oder Schulfreunde eines Verstorbenen übernahmen beispielsweise in vielen Dörfern die Aufgabe, den Sarg zum Grab zu tragen und in die Grube abzusenken, selbstverständlich im dunklen Anzug, nicht selten den, den sie bei der Konfirmation erhalten hatten. In ländlichen Regionen war es nach wie vor üblich, eine verstorbene Person zu Hause aufzubahren und erst nach einer »Aussegnung« zur Trauerkapelle oder zum Friedhof zu bringen. Trauerzirkulare machten die Runde, der Tod und der Zeitpunkt der Trauerfeier wurden der Gemeinschaft bekannt gemacht, wobei deren Teilnahme erwartet wurde.

Die weithin ungefragte Selbstverständlichkeit des Rituals veränderte sich Ende der 1950er Jahre mit zunehmend aufkommenden Tendenzen, das Sterben, den Tod und die Trauer mehr und mehr zu tabuisieren, nicht zuletzt auch als Folge der im Zweiten Weltkrieg gemachten Erfahrungen. Nach dem Übermaß an gefallenen Soldaten, auch der in Gefangenschaft gebliebenen oder verstorbenen und zahlloser umgekommener Zivilisten und darüber hinaus auch in dem Bewusstsein der massenhaften Verfolgung und Ermordung von jüdischen Menschen, des Holocaust, und anderer Kriegsverbrechen schien es so, als wenn die Menschen alles, was damit zu tun hatte, nur noch verdrängen wollten.

In diese Zeit fällt die Veröffentlichung des Buches von Alexander und Margarete Mitscherlich mit dem Titel »Die Unfähigkeit zu trauern« (1967). Die beiden vertreten aus Sicht der Psychoanalyse den Standpunkt, dass bisher verdrängte Trauer nun notwendig sei, um zu eigener bewusster Mündigkeit zu gelangen.

Leichenwagen wurden in diesen Jahren mehr und mehr neutralisiert und Bestattungsunternehmen gestalteten ebenso neutral ihre Schaufenster. Das Sterben von Angehörigen hatte zunehmend weniger seinen Ort in der häuslichen Situation, sondern wurde mehr und mehr in Kliniken verlegt. Eine Situation der Tabuisierung des Todes, die bis in die 1990er Jahre auf vielen Ebenen andauerte (Mucksch, 1991, S. 1 ff.). Es ist sicher ein Verdienst der Hospizbewegung, dieses Tabu und die damit verbundene Sprachlosigkeit aufgebrochen zu haben. Sukzessive war es möglich, den Tod wieder ins Wort und in den Blick zu nehmen.

Ein zusätzlicher Faktor, der diese Entwicklung begünstigte und ebenfalls den Umgang mit Sterben, Tod und Trauer verändert hat, war die seit Beginn der 1980er Jahre neu aufgekommene Immunschwäche-Erkrankung Aids, die mit ihrer Lebensbedrohlichkeit das Thema »Tod« zusätzlich wieder nach oben brachte. Zudem hatten – gerade in den ersten Jahren – Aids-Bestattungen eine eigene Dynamik oft jenseits von traditionell kirchlich geprägten Bestattungen entwickelt und durch ihre Kreativität, Buntheit und Unkonventionalität eine durch und durch andere, neue Trauerkultur entstehen lassen. Allerdings gehört es auch zu den einschneidenden Erfahrungen dieser Zeit, dass die oftmals jungen schwulen Männer, die um eines freien Lebens willen in Städte wie Köln, Frankfurt, München, Hamburg oder Berlin gezogen waren, nach ihrem Sterben von den Familien »nach Hause« geholt wurden und dort traditionell und unter Verschweigen der tatsächlichen Todesursache und damit auch ihrer Homosexualität beerdigt wurden. Der zunehmenden Verunsicherung der überkommenen Männlichkeitsmuster begegnete man mit einem beharrlichen Bestehen auf ihrer Gültigkeit über den Tod hinaus.

Die inzwischen eingetretene zunehmende Loslösung von Traditionen und Ritualen ging einher mit der Entwicklung von individuellen und persönlichen Formen des Abschieds. Reiner Sörries, ehemaliger Direktor des Museums für Sepulkralkultur in Kassel, beschreibt diesen Unterschied so, dass es heute keine verpflichtenden Rituale und Verhaltensweisen im Trauerfall mehr gebe. Demnach könne alles praktiziert oder auch unterlassen werden. Denn Trauer sei keine dem Menschen angeborene anthropologische Konstante (vgl. Sörries, 2016, S. 9 f.). Zugleich stellt er fest, dass Trauer sich sowohl in der Menschheitsgeschichte als auch in der Kulturgeschichte wiederholt verändert hat. In jeder Epoche sei Trauer neu zu lernen, und auch jetzt, zu Beginn des 21. Jahrhunderts, sind wir vor die Aufgabe gestellt, Trauer ganz neu zu begreifen und darüber hinaus neue und ungeübte Aspekte der Trauer kennenzulernen. Im Kapitel »Trauer heute« führt Sörries sowohl die Veränderungen als auch die Herausforderungen detailliert aus (2016, S. 196 ff.). In solchen Veränderungen sieht er einen Paradigmenwechsel, den er beschreibt als Wandel von der zeremoniell und gesellschaftlich vorgegebenen hin zu einer persönlich erlebten und gestalteten Trauer. Dem entspricht, was der Neurobiologe Gerald Hüther insgesamt im Blick auf männliche Verhaltensweisen formuliert: »Es gibt keine klaren Rollen mehr […]. Das Theater, in dem Männer seit Menschengedenken in allen möglichen Rollen, vor allem aber immer wieder in dieser von ihnen gespielten Rolle des Kriegers, des Herrschers und des Macht- und Rechthabers, aufgetreten sind, ist beendet. Wir sind, ohne es zu wollen, in einer Zeit angekommen, in der es für Männer nicht mehr darauf ankommt, eine Rolle als Mann zu spielen, stattdessen geht es nun darum, ein authentischer Mann zu sein« (Hüther, 2016, S. 79).

Der von Sörries beschriebene Paradigmenwechsel hat also auch eine zumindest mögliche Kehrseite in Form von Zwang zur Authentizität. Das, was früher durch eine vorgegebene Struktur im Ritual Halt und Sicherheit gegeben hat und worin trauernde Menschen sich einfädeln konnten, löst sich in der ursprünglichen Selbstverständlichkeit auf. Das kann zu Verunsicherung führen. Die Emanzipation von alten Traditionen in vielfältigen Bereichen des gesellschaftlichen und privaten Lebens wurde als Befreiung empfunden. Alte Rituale wurden als eng und zum Teil auch als nicht lebensnah erlebt. Als Konsequenz wurden sie verworfen mit der Folge, dass mit einiger Verzögerung die Erkenntnis einsetzte, dass wir damit auch einen kulturellen Verlust erlitten haben, denn Menschen leben in und mit Ritualen. Anthropologisch gesehen sind Riten und Rituale lebenswichtig, und alle Kulturen weltweit haben Rituale entwickelt. So gibt es Begrüßungsrituale, lebenszyklische Rituale, wozu auch das Begräbnis gehört, zyklische Rituale, die dem Kalender folgen, und ereignisbezogene Rituale. Die Kulturwissenschaften bezeichnen solche Rituale häufig als Schwellenrituale und betonen, dass Rituale in Krisen- und Übergangssituationen eine sehr hilfreiche Funktion haben. Der Begriff »Schwellenritual« macht deutlich, dass sie über Schwellensituationen und bei bedeutenden Lebensereignissen hilfreich sind. Sie helfen über schwierige Schwellensituationen hinweg. Gerade in einer zunehmend individualisierten Gesellschaft können Rituale Halt, Orientierung und Kraft geben. Rituale gibt es in allen Kulturen, sie sprechen unser Unterbewusstsein an, sie können Lebenshilfe sein und sie haben viel mit Erinnerung (Memento) zu tun.

Auch Subkulturen haben ihre eigenen Rituale entwickelt und bestätigen dadurch die Bedeutung gemeinschaftlichen rituellen Handelns. Diese Rituale sind zwar nicht so alt wie die traditionellen, aber dennoch leisten sie durch Wiederholung und gemeinschaftliche Praktizierung Ähnliches. In der Zeit des massenhaften Sterbens an HIV-Infektionen entwickelten die davon besonders betroffenen Subkulturen solche Rituale, die der Mehrheitsgesellschaft schrill und bunt vorkamen, aber zugleich als eine authentische Form der Trauer beeindruckten. Sie konnten die Konventionen »queeren« und haben zu einem neuen, offeneren Umgang mit Tabuisiertem in der Trauer geführt. Die Konrad-und-Paul-Zeichnungen des Comic-Autors Ralf König, insbesondere der in der Zeit der Aids-Krise entstandene Band »Superparadise« (1999, bes. S. 123 ff.), geben davon mit Humor und zugleich berührend Ausdruck. Sie waren öffentliche Infragestellungen vermeintlich »typisch männlicher« Trauermuster. Eine sichtbare und offene, manchmal auch sehr schrille, vor allem aber eine authentische Form der Trauer. Typisch männlich?

Es gibt aber noch mehr kulturelle Aspekte der Trauer. Blickt man historisch weiter zurück und auch global über unsere Gesellschaft hinaus, weitet sich der Blick auf das Erleben von Trauer und auch auf Männer in Trauer. In einer Handreichung des Deutschen Hospiz- und Palliativverbandes (DHPV) richten die Autor*innen den Blick u. a. zurück in die Zeit der Romantik, also in die Zeit vom Ende des 18. bis Mitte des 19. Jahrhunderts. Dieser Blick soll verdeutlichen, warum es zurzeit gegensätzliche Tendenzen in den Trauerkulturen gibt. »In der Romantik wurden Gefühle wie Sehnsucht, Trauer, Schmerz und Lust in besonderer Weise zum Ausdruck gebracht, das geschah besonders in Dichtung, Musik und Malerei. […] Abschiede wurden bewusst gestaltet« (DHPV, 2021, S. 9). Mit Beginn des 20. Jahrhunderts wurde diese Lebenshaltung dann mehr von preußischen, militärisch geprägten Tugenden bestimmt. Tapferkeit, Pünktlichkeit, Disziplin sowie das Einhalten von vorgegebenen Ordnungen hatten nun einen hohen Stellenwert. Das freie und offene Mitteilen von Gefühlen und der Ausdruck von Trauer wurden als ungehörig, als ein Aus-der-Reihe-Tanzen empfunden. In der Zeit des Nationalsozialismus verschärfte sich diese Haltung und wurde einer völkischen Ideologie unterworfen. Emotionalität, Berührbarkeit, Trauer und Tränen galten als Zeichen von Schwäche und konnten, insbesondere bei Männern, sogar lebensbedrohlich sein. Die nationalsozialistische Kinder- und Jugendarbeit trennte streng nach Geschlechtern in den Bund Deutscher Mädchen und Hitler-Jugend, wobei gerade in der Hitler-Jugend mit Jungen, die als weinerlich oder verweichlicht galten, grausam umgegangen wurde und sie als »Schwächlinge« dem Spott der vermeintlich Starken preisgegeben wurden. Das Fallbeispiel zu nachgeholter Trauer und Versöhnung (vgl. Mucksch, 2017), das in diesem Buch in verkürzter Fassung zu finden ist (siehe Kapitel 2.8), soll verdeutlichen, was damit gemeint ist.

1.3 Was weiß man darüber, wie Männer trauern? Stand der Forschung

Männer trauern nicht anders. Männer trauern als Männer, auf je eigene Weise. Aber was weiß man darüber, wie Männer trauern? Wir haben uns mit dem auseinandergesetzt, was Forschende über die Trauer von Männern herausgefunden haben.

1.3.1 Abschied von Genderstereotypisierung: Kenneth J. Doka

Wir folgen dabei insbesondere dem Ansatz, den der nordamerikanische Gerontologe, Psychologe und Trauerforscher Kenneth J. Doka entwickelt und mittlerweile in über dreißig Büchern beschrieben hat. Eines davon trägt den programmatischen Titel »Grief is a Journey: Finding Your Path through Loss« und zeigt schon, dass Doka Klassifizierungen skeptisch gegenübersteht und eher von individuellen Trauerwegen ausgeht. Ganz spezifisch formuliert er dies in seinem um die Jahrtausendwende erschienenen Buch »Men Don't Cry ... Women Do: Transcending Gender Stereotypes of Grief« (2000), in dem er genderspezifische Stereotype gezielt überschreitet. Die Grundthese in diesem Buch ist, dass es viele verschiedene Wege und Weisen gibt, in denen Individuen Trauer erfahren und ausdrücken und Trauer in ihr Leben integrieren. Gefühlsorientierte Strategien sind eine Möglichkeit, aber es gibt auch Strategien, die sich eher an Aktivität oder an Kognition ausrichten und die ebenso effektiv im Umgang mit eigener Trauer sind.

Der Trauerforscher beschreibt zwei unterschiedliche Muster (»patterns«): Das »intuitive Muster« beschreibt eher die Erfahrung und den Ausdruck der affektiven, gefühlsbasierten Trauer. Das »instrumentelle Muster« beschreibt eher körperliche Aspekte der Trauererfahrung wie beispielsweise Rastlosigkeit oder Kognition/Nachdenken. Die Adaptionsstrategien sind entsprechend stärker durch Aktivitäten und Rationalität geprägt. Doka hält das »instrumentelle Muster« für das »eher typisch männliche« Trauerverhalten, begründet in gegenwärtig bestimmenden Sozialisierungsformen von Männern, die Stereotype tendenziell reproduzieren.

Aber das bedeutet gerade nicht, dass Männer deterministisch zu instrumenteller Trauer verurteilt sind. Es gibt auch viele Männer, die eher intuitiv trauern: »Clearly, patterns are influenced by gender but not determined by it« (Doka, 2000, S. 2). Aus diesem Grund verzichtet Kenneth J. Doka in dieser wie auch in seinen anderen Publikationen darauf, Trauer und Trauerverhalten als »männlich« oder »weiblich« zu bezeichnen; vielmehr differenziert er zwischen intuitiver und instrumenteller Trauer (vgl. Doka u. Martin, 2010). Denn wenn ein Mann eher nach einem intuitiven Muster trauert, ist dies nicht als eine Einschränkung seiner Maskulinität und Ausdruck vermeintlich femininer Anteile zu werten, was wiederum Auswirkungen auf Selbstwert und Selbstbild des trauernden Mannes hätte. Ebenso dient es nicht der Trauer einer Frau, deren Trauerverhalten eher instrumentell ist, wenn ihr männliche Verhaltensweisen attestiert werden. Da Verhaltensmuster – auch der Trauer – durch kulturelle Einflüsse und Sozialisation geprägt werden, haben sie mitunter den Anschein normativer Muster: Männer gelten dann als männlich, wenn sie diesen Mustern entsprechen. Aber die individuellen Verhaltensmuster hängen auch von anderen Faktoren ab, von Charaktereigenschaften, biologischen Aspekten oder auch von spezifischen Rollenvorbildern im familiären Umfeld. Menschen weichen in ihrem Verhalten von den dominanten Mustern ab. Der normative Druck kann sogar zu einem gesteigerten Rollenverhalten führen: »Männer, die Trauer auf eine eher intuitive Weise erfahren, können sich im Ausleben ihrer Trauer eingeschränkt fühlen oder sich dem Druck von außen anpassen, damit sie nicht als weniger männlich wahrgenommen werden« (Doka u. Martin, 2010, S. 140; eigene Übersetzung). Gerade hinter als betont männlich geltenden Verhaltensmustern kann sich also auch eine Verunsicherung in der eigenen Geschlechterrolle verbergen.

Weil Trauer individuell erfahren und erlebt, gelebt und ausgedrückt wird, bedarf es eher eines Zugangs über individuelle Trauererfahrungen von Männern. Aus diesem Grund haben wir im zweiten Teil dieses Buches solche individuellen Trauererfahrungen mit aufgenommen.

Die Unterscheidung in »intuitive« und »instrumentelle« Trauermuster basiert auf einer psychologischen Typenlehre von Carl Gustav Jung, bei der vier Funktionen – Denken/Fühlen, Sensorik/Intuition – jeweils mit den Attributen introvertiert oder extravertiert belegt werden. Die Unterschiede sind nicht kategorial zu trennen, vielmehr handelt es sich um graduelle Unterschiede und Ausprägungen auf einem Kontinuum zwischen den Polen instrumentell und intuitiv. Je nachdem, wo sich ein trauernder Mann auf diesem Kontinuum befindet, kann Trauerbegleitung unterstützend wirken und mitunter auch herausfordern, ohne den Menschen in seiner Eigenheit verändern zu wollen. Extravertierte instrumentell Trauernde, so schreiben Doka und Martin (2010, S. 117), neigen dazu, ihre Energie darauf zu verwenden, Zeit mit anderen zu verbringen, am liebsten für gemeinsame Aktivitäten, während eher introvertiert instrumentell Trauernde lieber Tätigkeiten nachgehen, die sie allein für sich ausüben können, beispielsweise bei Einzelsportarten. Bei handwerklichen oder künstlerisch-kreativen Tätigkeiten können kognitiv reflektierende, rational orientierte Trauernde ihre Denkprozesse in Aktivität kanalisieren. Intuitiv trauernde Menschen finden häufig schneller Wege, um ihre Empfindungen in Energie und Aktivität umzusetzen. Sie neigen weniger als instrumentell trauernde Menschen dazu, ihre Trauer zu unterdrücken, und verfügen über ein hohes Maß an Affektintensität. Für Personen, die in der Trauerbegleitung tätig sind, haben Kenneth J. Doka und Terry Martin in ihrem Band von 2010 ein Fragebogeninstrument aus dreißig Items entwickelt, das allerdings noch nicht in deutscher Übersetzung vorliegt.

1.3.2 Ein Gespräch mit Kenneth J. Doka

In der Vorbereitung auf unser Buch haben wir ein Interview mit Kenneth J. Doka geführt. Wir stellen es in Auszügen dem Überblick über aktuelle Forschungsergebnisse zu geschlechterspezifischer Trauer voran. Wir wollten den Ansatz von Kenneth J. Doka besser verstehen und nach seinen Erfahrungen mit der Trauer von Männern fragen.[1]

MUCKSCH/ROSER: In Ihren Arbeiten verwenden Sie den Begriff »Muster« (pattern). Was meinen Sie damit?
DOKA: Für mich ist das ein Synonym für Stil. Es ist die besondere Art und Weise, wie eine Person mit dem Verlust umgeht. Individuelle Muster spiegeln sicherlich soziale Muster wider,

---

1 Das Gespräch fand als Zoom-Konferenz im Juli 2021 statt. Wir haben es transkribiert und ins Deutsche übersetzt.

sowohl in Bezug auf geschlechtsspezifische Erwartungen als auch auf kulturelle Erwartungen, all diese Dinge, die unsere eigene Persönlichkeit, unser Temperament formen. Wir haben zum Beispiel festgestellt, dass Frauen, die zu einem sehr »instrumentellen Muster« neigen (sie trauern dann nach einem eher »männlichen« Muster, obwohl wir diesen Begriff in unserer Arbeit nie verwenden), oft negative Erfahrungen in ihrer Entwicklung gemacht haben, beispielsweise in der Eltern-Kind-Beziehung in dysfunktionalen Familien.

MUCKSCH/ROSER: Worin unterscheiden sich die Muster?

DOKA: Wir unterscheiden zwischen drei Aspekten: Wie erlebt eine Person Trauer, wie drückt sie Trauer aus und wie passt sie sich der Trauer an oder geht mit ihr um. Hier sprechen wir von einem Kontinuum. Am intuitiven Ende des Kontinuums, wo sich viele Frauen wiederfinden, sprechen die Betroffenen, wenn man sie fragt, wie sie die Trauer erlebt haben, oft von Gefühlswellen: »Ich war wütend, ich war traurig, ich war ...« Und wenn man dann fragt: »Wie haben Sie Ihre Trauer ausgedrückt?«, dann ist es eine äußere Manifestation dieser Gefühle: »Ich habe geweint, ich habe gebrüllt, ich habe geschrien.« Wenn man dann fragt: »Was hat Ihnen geholfen, wie haben Sie das verarbeitet?«, sagen sie oft: »Ich musste meine Gefühle wahrnehmen, ich musste sie verarbeiten, es war hilfreich, sich einer Selbsthilfegruppe anzuschließen, es war hilfreich, mit einem Berater, einem Seelsorger, einem Geistlichen zu sprechen.«

Am anderen Ende des Kontinuums sind die Menschen, die wir »instrumentell« bezeichnen. Wenn man sie fragt, wie sie ihre Trauer erlebt haben, sprechen sie oft in sehr körperlichen und sehr kognitiven Begriffen: »Ich musste immerzu an die Person denken« oder »Es fühlte sich an, als hätte mir jemand in den Magen geschlagen, als ich zum ersten Mal von dem Tod erfuhr«. Wenn man fragt, wie sie ihre Trauer ausgedrückt haben, heißt es wiederum oft: »Ich habe einfach angefangen, Dinge zu tun, ich wusste, dass ich viele Anrufe machen musste, ich habe immer wieder über die Person gesprochen.« Und wenn man sie dann fragt, was ihnen geholfen hat, heißt es oft: Machen.

Eines der klassischen Beispiele, von denen wir im Buch [er bezieht sich auf Doka u. Martin, 2010] erzählen, handelt von einem Mann, dessen 16-jährige Tochter in einer Winternacht auf dem Nachhauseweg bei einem Autounfall starb. Es hatte geschneit, und als die Tochter in eine Kurve bog, geriet ihr Auto auf eine Eisfläche, sie war nicht angeschnallt und kam ums Leben, als sich das Auto einige Male überschlug und in den Zaun eines Nachbarn fuhr.

Am Tag der Bestattung fand am Morgen die Beerdigung statt, und am selben Nachmittag reparierte der Vater draußen den Zaun der Nachbarin. Die Nachbarin meinte: »Sie müssen das nicht tun«, aber er sagte zu ihr: »Doch, ich muss.« Er sagte, das sei das Einzige, was er an dem Unfall reparieren könne: Er könne weder seine Tochter noch das Auto reparieren, aber er müsse den Zaun reparieren. Und er beschrieb dies als eines der therapeutischsten Dinge, die er getan hat. Solche Personen »agieren« ihre Trauer.

Wir sprechen auch von »Menschen in der Mitte« [people in the middle], die beide Pole kombinieren, und wir sprechen auch über dissonante Menschen, bei denen aus dem einen oder anderen Grund zwischen der Art und Weise, wie sie ihre Trauer erleben und wie sie ihre Trauer ausdrücken, ein Widerspruch besteht. Das kann eine Person sein, zum Beispiel ein Mann, der sehr intuitiv, sehr gefühlsorientiert ist, sich aber durch die männliche Rolle gezügelt fühlt: Er möchte nicht in der Öffentlichkeit weinen, er möchte seine Gefühle nicht in der Öffentlichkeit ausdrücken, er ist durch die Erwartungen an diese Geschlechterrolle eingeschränkt.

Bedenken Sie, dass ein instrumentell Trauernder seine Gefühle nicht bewusst unterdrückt, sie sind stummgeschaltet. Terry [Martin] bringt es wunderbar zum Ausdruck. Seine Formulierung verwenden wir in unserem Buch: »Sie sind eher pastellfarbig als lebhaftfarbig«. Nicht, dass er keine Emotionen hätte, aber sie sind nicht der stärkste Motor seiner Reaktionen.

MUCKSCH/ROSER: Wir wollen mit unserem Buch »Männer trauern als Männer« nicht an Klischees festhalten; das tun viele Bücher auf dem deutschen Markt. Haben Sie eine Idee, wie man deutlich machen kann, dass es keinem Klischee folgt – dass Trauer für Männer oder männliche Personen anders sei als die Trauer für Frauen?

DOKA: Genau das sagen wir. Trauer wird sicherlich vom Geschlecht beeinflusst, unter anderem. Ich vermute, dass Deutsche anders trauern als Italiener, besonders wenn sie in einer lutherischen Familie aufwachsen. Ich bin in einem seltsamen Umfeld aufgewachsen: Die Familie meines Vaters bestand aus ungarischen Protestanten, sehr »stoisch«, geschichtlich gesehen eine Minderheit, aber unter den katholischsten aller Kaiser, den Habsburgern, und sie stilisierten sich selbst dem katholischen Kaiser entsprechend. Die Familie meiner Mutter ist spanisch; »stoisch« ist nicht der Begriff, der dazu passt. Deshalb habe ich mich schon als Kind, wenn ich zu einer Familienbeerdigung gegangen bin, immer für kulturelle Unterschiede interessiert. Meine spanischen Onkel haben mich hochgehoben und in den Arm genommen und gesagt: »Weinen ist in Ordnung, es bedeutet nur, dass du die Person geliebt hast«, und sie haben mich wieder auf die Füße gestellt. Meine ungarischen Onkel haben mich an meiner Schulter gepackt und gesagt: »Sei stark!« Da hat man zwei unterschiedliche Kulturen, die einem als Mann oder als Frau sehr unterschiedliche Erwartungen davon vermitteln, wie man trauern soll. Selbst in der ungarischen protestantischen Kultur mag es für Frauen akzeptabel sein, ein paar Tränen zu vergießen, solange man nicht hysterisch wird. Im deutlichen Gegensatz dazu die spanischen Frauen – ich erinnere mich, als beim Tod meiner Großmutter einige ihrer Freundinnen kamen und am Sarg laut wehklagten. Für unsere Familie, die sich der amerikanischen Kultur ziemlich assimiliert hatte, war das recht peinlich. Mein Bruder wollte jedes Mal, wenn sie zum Sarg gingen, ein Schild mit der Aufschrift »Gehören nicht zur Familie« aufstellen.

MUCKSCH/ROSER: Wie würden Sie die »Intensität von Affekten« in der Trauerbegleitung berücksichtigen, wie sollten Trauerbegleitende damit umgehen? Wenn sie beispielsweise jemanden begleiten, der äußerlich nicht unter tiefer Trauer zu leiden scheint.

DOKA: In unserem Buch sprechen wir über drei Dinge. Das Erste ist, Zugang zum »Stil« zu finden; eine der Möglichkeiten dazu besteht darin, historische Bewältigungsmethoden zu betrachten. Traueradaption ist tatsächlich ein Copingstil. Und man sollte nach Konsistenz suchen. Ich zum Beispiel tendiere eher zur instrumentellen Seite. Aber so gehe ich eben mit Verlust um. Man will Konsistenz im Coping sehen, das ist Nummer eins. Denn eines der Dinge, über die wir uns in dem Buch Gedanken machen, ist, zu sagen, dass das instrumentelle Muster der Trauer keine Verdrängung von Trauer ist, sondern sie nur auf eine andere Weise ausdrückt. In einer Weise, für die ein Therapeut oft nicht ausgebildet ist.

Schut und Stroebe [Trauerforscher*innen] sagen immer, dass die westliche Beratung »gekidnappt« wurde, im Wesentlichen vom Affekt in Haft genommen wurde. Die Beratungsfrage »Wie empfindest du das?« gilt als quintessenzieller Impuls in der Beratung. Ich bringe stattdessen meinen Studenten bei, zu sagen: »Wie bist du darauf eingegangen, wie hast du darauf reagiert?«, um [ihren Klienten] zu erlauben, sich selbst auszudrücken.

Zum Zweiten: Fühlen Sie sich wohl, wenn Sie über Verlust sprechen? Eine Person, die das verdrängt, will es nicht ansprechen. Ich kann über den Verlust meines Vaters sprechen, wenn auch vielleicht nicht im gleichen Vokabular, wie Sie das tun. Ich würde sagen: »Als mein Vater starb, habe ich über dieses und jenes nachgedacht«, aber es ist mir nicht unangenehm, darüber zu sprechen. Während jemand, der Trauer unterdrückt, nicht darüber sprechen möchte. Es ist nur eine andere Art, mit Trauer umzugehen.

Wir haben immer gesagt, dass sich Trauer auf viele Arten manifestiert, aber oft konzentrieren wir uns nur auf den Affekt. Aber man muss auch daran denken, dass es sich zum Beispiel auch physisch manifestiert. Wenn ich die Frage stelle »Wie hast du darauf reagiert?«, und jemand sagt: »Ich fühlte Wut, Schuld, Traurigkeit«, dann nehmen wir das so hin. Und dann werden wir weiterfragen: »Hat dies Einfluss darauf, wie du denkst, wie du dachtest, auf dein Verhalten, hat es deine Spiritualität beeinflusst?« Aber auf der anderen Seite, wenn jemand sagt: »Ich fühlte mich, als hätte mir jemand in den Magen geschlagen, als ich die Nachricht erhielt«, würden wir sagen: »Okay, damit fangen wir an.« Deshalb mögen wir diese Frageweise lieber als den quintessenziellen Standard, weil sie die Person für die besondere Erfahrung öffnet, die sie gemacht hat.

Der nächste Schritt wäre: Was sind Ihre Probleme, was beschäftigt Sie? Und dann plant man Interventionen, die mit dem jeweiligen Stil kompatibel sind. Ich denke, dass wir das in Selbsthilfegruppen für Kinder häufig besser machen als in denen für Erwachsene. In Kinder-Unterstützungsgruppen geben wir den Kindern oft Projekte und Aufgaben, die ganz unterschiedliche Trauerstile ansprechen. In Gruppen für Erwachsene sitzen wir herum und wollen, dass die Leute herumsitzen und über ihre Gefühle sprechen.

MUCKSCH/ROSER: Wenn man sich Filme anschaut, scheint es immer der Durchbruchsmoment zu sein, wenn die Männer anfangen, über ihre Gefühle zu sprechen, darüber, wie sie sich fühlen. Es scheint ein festes normatives Muster zu sein, dass der Durchbruch darin besteht, über die Emotionen sprechen zu können, an seine Emotionen heranzukommen.

DOKA: Aber für viele Menschen stimmt das nicht wirklich, sie sind wie »stummgeschaltet«. Es ist wichtig, sich daran zu erinnern, dass die frühen Trauerstudien hauptsächlich mit älteren Witwen durchgeführt wurden. Im Wesentlichen haben wir ein Trauermodell entwickelt, das von Anfang an unter einem »Bias« stand, also recht einseitig war. Wir messen [wegen der frühen Studien, die als Vergleichspunkt gelten – N. M./T. R.] die Trauer der Menschen im Wesentlichen an der von Frauen. Wir waren uns nicht wirklich bewusst, dass es auch andere Stile geben könnte, weil die meisten Frauen ihre Männer überleben. In vielen anderen Situationen machen wir oft genau das Gegenteil; dann sind es die Männer, die die Norm setzen. Und wir messen Frauen an diesen Normen.

MUCKSCH/ROSER: Lieber Herr Doka, wir danken Ihnen für dieses Gespräch!

Die Auseinandersetzung mit den Arbeiten von Kenneth J. Doka und seinem Forschungsteam hat uns deutlich darin bestärkt, nicht von »männlicher« Trauer im Unterschied zu »weiblicher« Trauer auszugehen. Nicht zuletzt werden dabei ganze Bevölkerungsgruppen übergangen, die sich heteronormativen Zuschreibungen entziehen, weil sie schwul, bisexuell, transgender oder queer sind. Leider wird in Deutschland noch immer – gerade mit Bezug auf die Geschlechterforschung – von männlicher Trauer gesprochen, etwa wenn junge Männer auf Trauer lieber

mit Rückzug und »Saufen« reagieren statt Angebote zum Reden anzunehmen (vgl. z. B. Guggenbühl, 2013). Treffender formuliert Erich Lehner: »Es gibt unterschiedliche Männlichkeiten in einer Gesellschaft, die jedoch nicht gleichwertig nebeneinanderstehen« (2013, S. 20).
Auch die im Folgenden vorgestellten Studien bestätigen, dass Unterschiede im Trauerverhalten weniger eine Frage der Geschlechtszugehörigkeit sind, als vielmehr von Situation, Kultur, Lebensalter und anderen Faktoren abhängen.

1.3.3 Persönlichkeitsveränderungen nach dem Tod eines Partners oder einer Partnerin?

Eine groß angelegte Studie von Eva Asselmann und Jule Specht (2020) hat untersucht, ob und wie der Tod eines Lebens- oder Ehepartners persönlichkeitsverändernde Wirkungen für Trauernde hat. Das Forschungsteam analysierte Daten einer großen und repräsentativen Langzeitbefragung des Deutschen Instituts für Wirtschaftsforschung (DIW), die seit 1984 jährlich erfolgt. Das sozioökonomische Panel (SOEP) beforscht regelmäßig die Lebenssituation der Bevölkerung Deutschlands ab dem frühen Erwachsenen- bis ins hohe Lebensalter. Die Forscherinnen konnten auf Daten von 49.933 Befragten zurückgreifen. Seit 1985 wird u. a. danach gefragt, ob die Studienteilnehmenden im vergangenen Jahr ihre*n Lebens- oder Ehepartner*in durch Tod verloren haben. Auf diese Weise konnten Vergleichsgruppen ermittelt werden: Personen, die eine*n Lebens- oder Ehepartner*in verloren haben, und solche, bei denen dies nicht der Fall ist. Als zeitlichen Rahmen untersuchte man Menschen drei Jahre vor dem Tod des Partners oder der Partnerin bis drei Jahre danach.

Im Abstand von vier Jahren werden seit 2005 zudem mit einem validierten Befragungsinstrument die sogenannten »großen fünf Persönlichkeitseigenschaften« untersucht, die sich auf

Offenheit für Erfahrungen, Gewissenhaftigkeit, Extraversion, Verträglichkeit und emotionale Stabilität/Neurotizismus beziehen und im Englischen als OCEAN-Modell bezeichnet werden. Unter Berücksichtigung der Drei-Jahres-Frist (nach dem Tod) verglichen die Forscherinnen also Daten aus den Jahren 2002 bis 2017. Am Ende konnte eine Gruppe von 1168 Personen, deren Partner*in verstorben war, mit einer Kontrollgruppe von 39.830 Nichtbetroffenen verglichen werden. Das Durchschnittsalter betrug 52,88 Jahre (zwischen 23 und 103 Jahren). Im Blick auf das Thema der Trauer von Männern interessiert die Geschlechtsverteilung: 52,16 % aller Befragten waren Frauen (N = 21.384, davon 834 Witwen). 47,84 % aller Befragten waren Männer (N = 19.614), davon 334 Witwer. Unter den verwitweten Befragten waren damit fast über 70 % Frauen.

Durch die wiederholte Verwendung eines Frageinstruments zu Persönlichkeitseigenschaften – im Abstand von vier Jahren – konnten Längsschnitt-Aspekte beschrieben werden, die Veränderungen vor und nach dem Todesereignis des Partners oder der Partnerin erkennen lassen. Diese wurden schließlich mit der Zugehörigkeit zu Altersgruppen und mit der Geschlechtszugehörigkeit verglichen, weshalb diese Studie für unser Thema von Bedeutung ist. Denn die Forschungsgruppe interessierte sich insbesondere für den Zusammenhang zwischen Persönlichkeitsstilen und Persönlichkeitsveränderungen einerseits und Geschlecht andererseits.

Bei den fünf Eigenschaften handelt es sich um ein Standardmodell der Persönlichkeitspsychologie. Mit 15 Items der Kurzskala Big-Five-Inventory-Scale (BFI-S) werden im Rahmen der Gesamtbefragung Einstellungen, Erlebnis- und Motivationsmuster und das Temperament von Menschen bestimmt. Facetten von Ängstlichkeit, Reizbarkeit, Depression, sozialer Befangenheit, Impulsivität und Verletzlichkeit werden unter dem Begriff *Neurotizismus* zusammengefasst, was wiederum in der hier dargestellten Studie als »emotionale Stabilität« wiedergegeben wird. Die Dimension *Extraversion* beschreibt Verhaltensfacetten im sozialen Umgang: Herzlichkeit, Geselligkeit, Durchsetzungsfähigkeit, Aktivität, Erlebnissuche und positive Emotionen. Fantasie, Ästhetik, Ideen und Wertesysteme gehören zur *Offenheit für neue Erfahrungen*. Die Fähigkeit zu vertrauen, Freimütigkeit, Altruismus und Bescheidenheit werden der Beziehungsdimension *Verträglichkeit* zugeordnet. Zur *Gewissenhaftigkeit* werden die Facetten Kompetenz und Ordnungsliebe, Pflichtbewusstsein und Leistungsstreben, Selbstdisziplin und Besonnenheit gezählt (vgl. die Angaben zum theoretischen Hintergrund bei Schupp u. Gerlitz, 2008). Das Frageinstrument wurde sowohl in Telefoninterviews, Mensch-zu-Mensch-Interviews als auch in Fragebogenstudien verwendet und gilt als verlässlich.

Unter den Ergebnissen gibt es einige interessante Beobachtungen: Allgemein lassen Menschen, die einen Partner oder eine Partnerin zu einem späteren Zeitpunkt ihres Lebens verlieren, eine signifikante Zunahme an Gewissenhaftigkeit erkennen und sind auch extravertierter. Allerdings nimmt die Extraversion, die in den drei Jahren vor dem Tod zugenommen hatte, nach dem Todesereignis deutlich ab. Zudem stabilisieren sich die Trauernden emotional graduell in den drei Jahren nach dem Tod. Ausgesprochen auffällige Unterschiede zwischen Frauen und Männern waren nicht auszumachen. Statistische Signifikanz gab es bei Männern nur in der Dimension »Offenheit für neue Erfahrungen« im ersten Jahr nach dem Todesereignis: Mit einem Wert von $\beta = -.47$ – also einer negativen Entwicklung – zeigten sich die Männer im Jahr nach dem Tod ihres*r Partner*in weniger offen.

Die Forscherinnen erklären sich diese Veränderungen mit den Verpflichtungen, die Angehörige schwerkranker Patient*innen gerade in der letzten Lebensphase übernehmen: Sozialkontakte, Suche nach und Koordination von professioneller Versorgung, zugleich auch Verlässlichkeit und Empathie für die kranke Partnerin oder den kranken Partner. Die höheren Werte bei Gewissenhaftigkeit und Extraversion lassen sich damit für die Zeit vor dem Tod erklären; sie sinken danach wieder ab, weil entsprechendes Verhalten nicht mehr notwendig scheint; zudem kann sich Trauer auch in einem Rückzugsverhalten in sozialen Kontakten ausdrücken. Auch die Zunahme des Wertes in der Dimension »emotionale Stabilität« (Neurotizismus) setzt nach einem Tiefpunkt direkt zum Zeitpunkt des Todes graduell wieder ein, sodass trauernde Partner*innen auf Dauer sogar emotional stabiler wirken als vorher. Die Unterschiede zwischen Männern und Frauen in der Dimension »Offenheit« werden damit erklärt, dass Männer möglicherweise schon vorher weniger soziale Netzwerke gebildet haben als die Vergleichsgruppe der Frauen und sich deshalb auch schwerer damit tun, ihre Sozialkontakte neu zu strukturieren.

1.3.4 Zunahme von Depression bei verwitweten Männern

Unter der Leitung des Leipziger Instituts für Sozialmedizin führten Wissenschaftler*innen um Franziska Förster ein quantitatives Forschungsprojekt durch, bei dem vergleichend untersucht wurde, wie sich der Verlust des Ehepartners bzw. der Ehepartnerin auf die gesundheitliche Verfassung älterer Männer und Frauen auswirkt (vgl. Förster u. Pabst et al., 2019). Das Forschungsteam stellte zwei Hypothesen auf: (1) Bei beiden Geschlechtern steigen Depressionswerte nach dem Verlust des Partners oder der Partnerin, (2) Männer leiden signifikant stärker nach einer Verwitwung als Frauen. Als Datenbasis konnte das Team auf Langzeit- und Kohortenstudien zurückgreifen, sodass am Ende die Daten von knapp zweieinhalbtausend Menschen analysiert werden konnten (N = 2470). Voraussetzung war, dass diese nicht bereits zu Untersuchungsbeginn verwitwet waren und zu Studienbeginn frei von einer diagnostizierten Depression waren. Zur Auswertung wurden die Messskalen zur Selbsteinschätzung der Studienteilnehmenden im Blick auf Depression miteinander verglichen, sodass verlässliche Werte zur Analyse herangezogen werden konnten. Der Status »verwitwet« setzte voraus, dass die Witwer oder Witwen vorher verheiratet im Sinne der Gesetzgebung waren; nicht verheiratete Lebenspartner*innen wurden also nicht für die Untersuchung in den Blick genommen. Die Vergleichsgruppe bestand aus Verheirateten, Geschiedenen oder Singles.

Das Durchschnittsalter der Teilnehmenden betrug 79,2 Jahre und umfasste Personen zwischen 68 und 97 Jahren (Standardabweichung 3,6 Jahre); 50,85 % der Teilnehmenden waren Männer, die Mehrheit aller Teilnehmenden (60,2 %) verfügte über einen geringeren Bildungsgrad. Dreiviertel aller Teilnehmenden waren zu Beginn der Untersuchung verheiratet, davon ca. 60 % Männer. Unter den Einflussfaktoren auf den Grad der gemessenen Depression zeigte sich das Alter als signifikant: Je älter die Teilnehmer*innen zu Studienbeginn waren, umso stärker waren Depressionssymptome ausgeprägt, bei Frauen sogar stärker als bei Männern. Der Bildungsgrad spielte keine Rolle. Signifikant wirkte sich jedoch der Status »verwitwet« auf die Stärke der Depression aus ($\beta = 0.19$). Hierbei waren Depressionen bei Männern mit einem Wert von $\beta = 0.25$ deutlich stärker ausgeprägt als bei Frauen ($\beta = 0.15$) und auch gegenüber der Vergleichsgruppe der verheirateten, geschiedenen oder allein lebenden Männer. Bei verwitweten Frauen bestand kein signifikanter Unterschied zur Gruppe der Verheirateten, Geschiedenen oder Alleinlebenden. Die Hypothese, dass Männer nach dem Tod der Ehepartnerin oder des Ehepartners signifikant stärker unter Depressionen leiden als Frauen, konnte also erhärtet werden.

Die Unterschiede erklären die Forscher*innen damit, dass heterosexuelle verheiratete Männer sich sehr stark auf ihre

Frauen als soziale Unterstützung verlassen und soziale Unterstützung ein wichtiger Schutzfaktor gegen Depression ist. Fällt die Ehefrau als zentraler, manchmal einziger Sozialkontakt durch ihren Tod aus, hat der Witwer Schwierigkeiten damit, andere Sozialkontakte aufzubauen. Einsamkeit nach Verwitwung ist insbesondere bei fortgeschrittenem Lebensalter eine deutliche Herausforderung. Verstärkt werden könnte dies auch durch den Umstand, dass Witwer sich nach dem Tod ihrer Frau selbst um Haushaltstätigkeiten kümmern müssen, also die Aufgaben, die die Partnerin vorher erledigt hat, mit übernehmen und sich überlastet fühlen. Die Forschungsgruppe räumt allerdings ein, dass die Art und Weise der Trauer nicht bei den Befragungen berücksichtigt wurde, sodass etwa der Aspekt eines erschwerten Trauerverlaufs nicht gezielt analysiert werden konnte.

1.3.5 Kognitive Veränderungen

Ebenfalls mit verwitweten Männern befasste sich eine Untersuchung am Institut für Soziologie und Sozialpsychologie der Universität Köln (vgl. Wörn, Comijs u. Aartsen, 2020). Die zentrale Fragestellung war, ob nachgewiesene gesundheitliche Belastungen und Folgesymptome nach dem Verlust des Ehe- oder Lebenspartners bzw. der -partnerin auch zu einem Verlust kognitiver Fähigkeiten führen. Da in einigen vorausgegangenen Untersuchungen Depressionswerte erhöht waren und die Veränderungen in Sozialkontakten und den Alltagsstrukturen und -verläufen von Witwern und Witwen Auswirkungen auf die Bewältigung des Alltags zu haben schienen, interessierte sich die Forschungsgruppe gezielt dafür, ob es zu Einschränkungen der Denkfähigkeit, Sprach- und Erinnerungsfähigkeit kommt und ob sich zwischen Männern und Frauen Unterschiede erkennen lassen. Da Frauen in einer Partnerschaft häufig für die Aufrechterhaltung von Sozialkontakten zuständig sind (so die Annahme vieler Forscher*innen), könnte das Ausbleiben »kognitiver Stimulation« durch Außenkontakte bei Witwern zu einem Verlust im gesundheitlichen Funktionsstatus führen. Die Datenbasis war aber weder eindeutig noch statistisch zuverlässig. Deshalb griffen Jonathan Wörn et al. auf Daten aus einer niederländischen Langzeitstudie zu Alterungsprozessen zurück, an der über 1200 Menschen bis zu zwanzig Jahre lang untersucht wurden. Ausgewertet wurden allerdings nur Daten von Personen, die bei der ersten Befragung in einer Partnerschaft lebten und deren Partner oder Partnerin während des Untersuchungszeitraums verstorben war. Leider wurden Teilnehmende, die danach eine neue Partnerschaft eingingen, wie auch solche, bei denen eine Scheidung zum Ende der Paarbeziehung geführt hatte, aus der Studie ausgeschlossen. Auch in diesen Fällen liegt unseres Erachtens Trauer vor, die sich möglicherweise nicht grundlegend unterscheidet. 419 Befragte hatten im Beobachtungszeitraum ihre Lebens- oder Ehepartner*innen durch Tod verloren.

Insgesamt lässt sich kein signifikanter Verlust an kognitiven Fähigkeiten im beschriebenen Sinn nachweisen, wobei Witwen ein vorübergehendes Nachlassen in abstraktem Argumentationsverhalten im zweiten Jahr nach dem Verlust erkennen ließen. Bei Witwern ließen sich keine statistisch signifikanten Veränderungen erkennen. Das Forschungsteam erklärt sich dies mit einem schnellen Anpassungsprozess an die neue Lebenssituation und damit, dass sich die Partner schon vor dem Todesereignis mit herausfordernden Aufgaben und der Übernahme von Alltagspflichten, die der kranke Partner oder die kranke Partnerin vorher erledigt hatte, befassen mussten. Andere Faktoren als Geschlechtszugehörigkeit scheinen eine stärkere Rolle zu spielen, etwa das Alter oder der allgemeine Gesundheitszustand, in dem der Todesfall sich ereignet. Schließlich regt das Forschungsteam sogar an, nicht mehr primär nach Geschlechterdifferenzen zu fragen und stattdessen andere Charakteristika der Individuen, Paare und Umstände zu fokussieren. Die

Zunahme an Gebrechlichkeit im hohen Alter ist weniger eine Frage des Partnerverlusts und der Geschlechtszugehörigkeit; vielmehr scheinen ältere Witwer und Witwen eher Resilienzen im Umgang mit dem belastenden Verlust des Lebenspartners erkennen zu lassen.

1.3.6 Geschlechtsbezogene Stereotype und ihre Anwendung auf die eigene Person

Genderstereotype bestehen nicht einfach für sich; sie sind vielfach geprägt durch Rollenmuster, Vorbilder, kulturelle und popkulturelle Vorstellungen. Im Fall von Trauersituationen wirkt sich allerdings ein Aspekt in besonderer Weise – man könnte auch sagen »verschärfend« – aus: die Anwendung von Stereotypen des Männlichseins auf die eigene Person, im Englischen bündig »Gender Self-Stereotyping« (Casper u. Rothermund, 2012) genannt. Es besteht ein dynamischer Zusammenhang zwischen dem, was die Psychologie als »Selbstkonzept« beschreibt, und dem, was als Kategorien typischer Attribute einer sozialen Gruppe beschrieben wird. Bei Letzterem kann man an altersspezifische Gruppen wie »Alte«, nationale Gruppen (z. B. Deutsche; Schweizer*innen) oder vielleicht auch »Fußballfans« denken, aber eben auch die Gruppe »Männer«. Da Menschen gleichzeitig oder je nach Kontext abwechselnd ganz unterschiedlichen Gruppen zugehören, werden nicht alle spezifischen Attribute zur gleichen Zeit (simultan) für das eigene Verhalten, die aktuelle Identität aktiviert. Der Kontext entscheidet offenbar, welche stereotype Attribute auf das Selbst angewandt werden, ja – mehr noch – welche Subkategorien von geschlechtsspezifischen Attributen zur Geltung kommen. Das zumindest behauptet die an der Universität Jena tätige Sozialpsychologin Catharina Casper mit ihrem Kollegen Klaus Rothermund im Rahmen eines von der Deutschen Forschungsgemeinschaft geförderten Projekts.

Männer scheinen flexibler in der Selbstanwendung von Geschlechterstereotypen zu sein als Frauen; sie selektieren deutlich individueller als Frauen, welche Aspekte einer Gruppenzugehörigkeit sie auf sich beziehen. Dies ist u. a. abhängig vom Vorwissen der Männer über die Gruppe und ihre spezifischen Attribute. In vergleichenden Experimenten bei deutschen Studierenden konnte die Forschungsgruppe aus Jena aufzeigen, dass bei Männern der situative Kontext klar Einfluss hat, welche geschlechtsspezifischen Attribute (z. B. »typische« Verhaltensweisen) sie auf sich selbst anwenden. Männer nehmen tendenziell nur diejenigen stereotype Aspekte für sich in Anspruch, die in der aktuellen Situation angebracht scheinen. Frauen bezogen im Experiment Gendersteretype unabhängig vom Kontext auf sich selbst. Wie diese Unterschiede zu erklären sind, ist eher der Spekulation überlassen als empirisch nachweisbar. Casper und Rothermund nehmen an, dass es mit der gesellschaftlich stärkeren Position von Männern zu tun hat, mit dem Druck, sich zu behaupten und sich von anderen zu unterscheiden. Frauen orientieren sich eher an ihrer Gruppe, suchen eher nach Vergleichbarem statt nach Unterscheidendem.

Auch wenn das Forschungsteam die Untersuchung auf Studierende beschränkte und keinen Bezug zum Themenbereich Trauer herstellte, scheinen die Ergebnisse dennoch bedeutsam für trauernde Männer zu sein: Offenbar können sich Männer weniger an Konventionen und kulturell vermittelten Mustern von »typisch männlichem« Verhalten orientieren, als dies bei Frauen der Fall ist. Sie stehen unter einem gewissen Erwartungsdruck, individuell zu entscheiden, welche scheinbar »typisch männlichen« Verhaltensweisen und Reaktionsmuster sie auf sich selbst anwenden. Sie können sich weniger anpassen, sondern müssen sich durch bewusstes Verhalten unterscheiden oder vorgegebene Muster übernehmen.

1.4 Körper und Trauer

Es ist vielleicht eine Binsenweisheit, aber man kann es nicht oft genug betonen: Trauer ist ein den ganzen Menschen umfassendes Geschehen, das sich nicht beschränken lässt auf innere Prozesse, emotionales Erleben oder Bewusstseinsarbeit. Trauerprozesse und mit Trauer verbundene Situationen und Ereignisse umfassen Leib und Seele, erfassen den Körper, verändern Menschen auch in ihrem Äußeren und werden körperlich gelebt und erlebt. Denn, wie Klaus Onnasch und Ursula Gast in ihrem Buch »Trauern mit Leib und Seele« schreiben: »Durch Blutkreislauf und Nervenbahnen steht das Gehirn mit dem gesamten übrigen Körper in Verbindung« (2011, S. 39). Das ist in jedem Moment, in jeder neuen Situation so; aber so wie der Körper sich im Lauf der Zeit entwickelt, so speichern sich im Gehirn in seinen unterschiedlichen Arealen und Schichten Erinnerungen, Sinneseindrücke und Verhaltensweisen ab, die mal mehr, mal weniger im kognitiven, im emotionalen oder auch körperlichen Bereich zu verorten sind. Die Magdeburger Neurobiologin Esther Kühn bezeichnete in einem Interview des Deutschlandfunks (6. September 2020) das Körpergedächtnis als »die Gesamtheit aller körperlichen Erfahrungen, an die wir uns erinnern können und die für unser tägliches Leben relevant sind«. Trauer schreibt sich einerseits ganz grundlegend auch in das Körpergedächtnis ein und ist mit körperlichen Empfindungen verbunden. Andererseits lässt sich über einen bewussten Umgang mit dem Körper, mit körperbasierten Erfahrungen und mit körperlicher Aktivität gezielt Trauer erleben und gestalten.

Felix Grützner empfiehlt beispielsweise, Tanz in Trauerprozessen bewusst einzusetzen, nicht zuletzt bei Trauerfeiern. Er schreibt in seinem Band »Trauer und Bewegung« von der »Kraft der Körperlichkeit« (2018). Vom Suchen bis zum Finden dieser Kraft ist es aber mitunter weit, denn im Trauererleben kann einem der eigene Körper durchaus fremd werden, zu einem Ort des Schmerzes oder – vielleicht sogar noch häufiger – einer eigenartigen Zone der Empfindungslosigkeit, des Sich-nicht-mehr-Spürens.

Anschaulich wird dies in Wort, Bild und Klang gebracht im letzten Musikvideo des Countrysängers Johnny Cash, einer Neueinspielung des Songs »Hurt«. Das Video, im Februar 2003 aufgezeichnet, sieben Monate vor dem Tod Cashs, filmt den Sänger, gezeichnet vom Alter, von Krankheit und einem Leben, in dem Alkohol und Exzesse unübersehbar ihre Spuren hinterlassen haben. Der Musiker zittert, seine Mobilität ist deutlich eingeschränkt. Er wendet sich gezielt zur Kamera und damit an sein Publikum. Seine Präsenz ist klar vom näher kommenden Tod gezeichnet und doch immer noch beeindruckend maskulin und körperlich.

Mit der ersten Liedzeile bringt er sein Befinden zu Gehör: »I hurt myself today / to see if I still feel / I focus on the pain / the only thing that's real.« [Ich habe mich selbst verletzt, um zu sehen, ob ich noch etwas fühle. Ich konzentriere mich ganz auf den Schmerz, das Einzige, was wirklich ist.] Was genau es ist, was ihn zu diesem Punkt und zur Aussage geführt hat, nichts mehr spüren zu können, wird in den Bildern anschaulich: negative Erfahrungen, belastende Empfindungen, ein rastloses Leben, Selbstzweifel trotz aller Erfolge, Glaubenszweifel trotz einer ausgeprägten Frömmigkeit und nicht zuletzt die lapidare Feststellung: Jeder, den ich kannte, geht am Ende weg.

Wenn ich (T. R.) das Video mit Seelsorger*innen, ehrenamtlichen Hospizbegleiter*innen oder Medizinstudierenden anschaue und auf die spirituellen Nöte und Ressourcen hin analysiere, halten wir uns zunächst lange an der Körperlichkeit des Leidens auf, den nach außen hin sichtbaren Zeichen. Cashs

Körper wirkt wie ein Speicher, in einem langen Leben angefüllt, mit Suchterfahrungen und Verwundungen. Es ist ein gezeichneter Leib, der sein Innerstes nach außen kehrt. Immer wieder sind Bilder der Kreuzigung Jesu hineinmontiert: brutale Filmschnipsel, Sekundenbruchteile nur zu sehen, in denen Nägel in die Hände Jesu getrieben und ihm die Dornen der Krone in die Stirn gedrückt werden. Die Montage wirkt wie eine religiös überhöhte Übertragung autoaggressiver Tendenzen des alten Mannes, der sich selbst nicht mehr leiden mag, aber sich mit der Marter des Gottessohnes identifizieren kann. Anders als in Texten von Mystiker*innen, in denen körperliche Aspekte von Trauer und Schmerz schnell, manchmal allzu schnell spiritualisiert werden, bleibt im Video von Johnny Cash das körperliche Empfinden durchaus im Vordergrund. Es wird als ein existenzielles Leiden sichtbar, indem es durch die religiösen Bilder verstärkt und vertieft wird: Die Seele lebt, leidet und hofft im Körper eines Mannes. Männer – wie alle Menschen – trauern als körperliche Wesen.

Anhand von zwei Beispielen sollen im Folgenden Möglichkeiten eines bewusst körperlichen Umgangs mit Trauer aufgezeigt werden.

1.4.1 Trauer, die unter die Haut geht: Trauer-Tattoos

Der Körper ist ebenso Gegenstand der Selbstwahrnehmung, wie er auch der Fremdwahrnehmung, den Blicken und Berührungen anderer ausgesetzt ist. Dabei ist es vor allem die Haut, die mit der größten Fläche zwischen innen und außen gespannt ist, sowohl beschützend als auch verwundbar, sowohl undurchsichtig als auch durchlässig. Der Soziologe Hartmut Rosa versteht die Haut als »semipermeable Membran [...], die Welt und Subjekt miteinander in Beziehung setzt und sie wechselseitig empfänglich und durchlässig macht« (2020, S. 85). Eine halbdurchlässige Trennwand – für bestimmte Substanzen ist sie durchlässig, für andere nicht – ist Verbindung zwischen Innen- und Außenwelt, zugleich schützt sie auch die Innenwelt vor dem ungehinderten Eindringen von Einflüssen, Impulsen oder auch Gewalt von außen. Die Halbdurchlässigkeit macht es aber auch möglich, dass durch und über die Haut kommuniziert wird, in einer ganz basalen, sinnlichen Art, oft unbewusst, vorreflexiv und nonverbal.

Die Haut ist zudem eine Projektionsfläche, auf der auch Trauer gestalterischen Ausdruck finden kann. Wer mit offenen Augen durch die Welt geht, kommt nicht an Trauer-Tattoos, im Englischen »memorial tattoos« genannt, vorbei. Der sprachliche Unterschied weist bereits auf einen Bedeutungsunterschied hin: Tätowierungen können Ausdruck von Schmerz und Leid sein, sie können aber auch die Funktion eines Gedenkens übernehmen.

Tätowierungen gelten als eine besondere Art der Kommunikation, die der Komplexität von Gefühlen und der Sinneswahrnehmung entspricht. Es handelt sich um »visuelle Repräsentationen«, also einen vorzeigbaren und sichtbaren Ausdruck von etwas, wofür man keine Worte hat oder braucht, aber auch von etwas, das der Träger für die genau richtige Darstellung dessen hält, was er mitteilen möchte. Für die trauernde Person kann die Tätowierung eine therapeutische Wirkung haben. Die Tätowierung ist Teil einer Kommunikation mit dem inneren Selbst, der Außenwelt und zugleich der Verbindung und Verbundenheit mit dem oder der Verstorbenen.

Die Aufrechterhaltung der Beziehung zwischen Lebenden und Verstorbenen hat in der Trauerforschung in den letzten Jahren wertschätzende Aufmerksamkeit erhalten. Das Ziel ist nicht länger, sich von der verstorbenen Person zu trennen. Stattdessen spricht man von anhaltenden Banden (»continuing bonds«), die kulturell in unterschiedlicher Weise gestaltet und ausgedrückt werden. Eine kanadische Gruppe an der Universität von

Waterloo (Provinz Ontario) versteht »memorial tattoos« als Ausdrucksform aufrechterhaltener Bindung (Cadell, Reid Lambert, Davidson, Greco u. Macdonald, 2022). Nach Ansicht des Forschungsteams transportieren Tätowierungen Bedeutung sowohl für den Tätowierten selbst als auch für andere. Die Tätowierungen thematisieren fast nie das Sterben oder die Todesart des Menschen, um den getrauert wird. Stattdessen wird die Beziehung zu diesem thematisiert, geradezu zelebriert. In figürlichen Darstellungen, Blumenmotiven, Symbolen und Schriftzügen werden die verstorbene Person oder Themen wie Liebe, Ehre oder das Lebensmotto des oder der Verstorbenen umgesetzt.

Ein Vater, dessen Sohn sich das Leben genommen hat, beschreibt seine Tätowierung: »Es geht ganz um ihn, das Tattoo, die Botschaft, das Andenken, weil er sein ganzes Leben lang anderen Menschen half, sich besser zu fühlen. […] Wir [meine Frau und ich] haben das gemacht, um die Trauer in eine Reflexion zu wenden, die sein Leben ehren soll« (Cadell et al., 2022, S. 136; eigene Übersetzung).

Die Tätowierung richtet sich damit an andere, denen etwas über den Verstorbenen erzählt werden soll. Ein anderer Vater, der um ein Kind trauert, hat ein Motiv ausgewählt, das die emotionale Verbundenheit zum Ausdruck bringt: drei Kerzen auf einer Basis in Form eines Herzens, von denen zwei noch brennen, während die Flamme der dritten gerade erloschen scheint. Es handle sich um Vergangenheit, Gegenwart und Zukunft – nur die Zukunft scheint erloschen, die anderen beiden wirken vital. Die Tätowierung erklärt sich nicht von selbst, sondern bedarf der deutenden Erläuterung des trauernden Mannes, der mit der großformatigen Tintenzeichnung auf seinem Rücken ein Gesprächsangebot zu machen scheint. Kombinationen aus bildlichen Motiven und Schrift (etwa dem Namen oder Lebensdaten wie Geburtstag und Todesdatum) wirken wie Interpretations- und Verständnishinweise.

Andere Tätowierungen enthalten eher Botschaften an die eigene Person in einer späteren Lebensphase. Das Eintragen bleibend sichtbarer Tinte unter die Haut hält die einschneidende Erfahrung von Liebe und Trauer fest und schützt sie vor Bedeutungsverlust oder dem Vergessen. Ein Witwer hat sich ein Erinnerungsmotiv auf die Schulter stechen lassen, immer in Sichtweite und für eine Berührung mit der Hand erreichbar, damit seine verstorbene Ehefrau dabei sein könne, wo auch immer er sich befinde. Ein siebzig Jahre alter Mann hat sich für eine Tätowierung zum Andenken an einen Freund entschieden, mit dem er seit Studientagen eng verbunden war. Im Gespräch mit den Forscher*innen sagt er, andere Formen des Gedenkens seien ihm nicht persönlich genug. Tätowierungen sind Ausdruck einer besonderen Signifikanz, zugleich Ausdruck und Anspruch von Dauerhaftigkeit zumindest für die eigene Lebensdauer. Durch das permanente und sichtbare Einzeichnen auf die eigene Körperoberfläche wird die eigene Identität so konstruiert, dass die Beziehung zur verstorbenen Person als wesentlich erkennbar wird: Das Tattoo markiert Ereignisse und Beziehungen, die seinen Träger zu dem haben werden lassen, als der er sich heute versteht oder zeigen möchte. Es handelt sich damit um Identitätsmarker.

Ein Beispiel dafür ist die farbige Tätowierung, die sich ein Vater nach einer längeren Pilgerreise auf einen Unterschenkel stechen ließ: ein Weg, an dessen Seiten drei Bäume wachsen, auf dem ein Schmetterling seine Flügel entfaltet und an dessen Ende ein Regenbogen steht. Das Motiv kam ihm in den Sinn, als er auf seiner Wanderschaft viel über seine drei adoleszenten Söhne »nachdachte und sich an sein viertes Kind erinnerte, das eine ›stille Geburt‹« gewesen also tot zur Welt gekommen war. »Ich bin Vater von vier Kindern«, sagt er, »und das werde ich auf meinem ganzen Lebensweg sein.« Das bunte Motiv ist Ausdruck von Lebensfreude und Lebenslust gleichermaßen – das Trauermotiv des Schmetterlings stellt Verwandlung und Lebendigkeit dar.

Die Körperstelle, die trauernde Männer für eine Tätowierung aussuchen, verdient eigene Beachtung. Es macht einen Unterschied, ob die Tätowierung an einer für alle sichtbaren Stelle des Körpers angebracht wird, wie die Innenseite des Handgelenks, ein Unterarm, ein Unterschenkel, oder ob es sich um eine im Alltag durch Kleidung bedeckte Stelle handelt. Tattoos auf Rücken, Brust oder Schulter sind nur dann sichtbar, wenn der Träger dies auch beabsichtigt und sich in einem (halb-)privaten Raum seiner Kleidung oder eines Teils seiner Kleidung entledigt. Ob die tätowierte Person in einer Begegnung mit einem Menschen, der sich nach der Tätowierung erkundigt, berichtet, wem diese gilt und in welcher Beziehung sie zueinander standen, ist dann von der Situation, von Sympathie und eigener Bereitschaft abhängig; aber durch die Tätowierung zeigt sich der Träger als ansprechbar und potenziell auskunftsbereit über die eigene Trauererfahrung.

Das kanadische Forschungsteam (Cadell et al., 2022) hat beobachtet, dass bei oftmals stigmatisierten Todesarten wie Stillgeburt, plötzlichem Säuglingstod, Suizid oder Tod durch Drogenmissbrauch die Tätowierung eine Art öffentlicher Protest gegen das Verdrängen und Verschweigen sein kann. Die Tätowierung soll ein Gespräch provozieren und Menschen dazu einladen, sich mit einem tabuisierten Thema auseinanderzusetzen. Die Entscheidung, sich ein solches Motiv permanent und für alle sichtbar unter die Haut stechen zu lassen, geht mit der Bereitschaft und Fähigkeit zum offenen Gespräch einher, das an die Beziehung zum Verstorbenen nicht nur erinnert, sondern sie auch in eine bis in die Gegenwart wichtige und bedeutsame überführt. Die

Theorie der »anhaltenden Bande« ist damit bestätigt, zeigt aber, dass die Beziehung nicht ausschließlich kognitiv verarbeitet oder »verinnerlicht«, sondern im Sinne des Wortes »verkörpert« wird. Sie ist prägend für den eigenen Leib, der das Selbstverständnis und die Konstruktion von Identität nach außen repräsentiert und auch andere zur Auseinandersetzung damit auffordert. Es handelt sich um eine spezielle Form von »Körperwissen« und »Körpergedächtnis«, sichtbar und mitteilbar.

Dass die Tätowierung unter die Haut gestochen ist, aber trotzdem auf der Haut erkennbar bleibt, verstärkt etwas, was mit der Haut und ihrer oben beschriebenen eigenartigen Ambivalenz zu tun hat. Die tätowierte Haut wehrt schädliche äußerliche Einflüsse ab und bewahrt bei aller Vulnerabilität vor anhaltend lebensbedrohlichen seelischen Verwundungen. Ein Tattoo schützt einerseits vor der Nacktheit der Haut, ist wie ein Kleid, das die Blicke auf sich lenkt und das Darunterliegende verhüllt. Andererseits ist das Tätowieren nur über den Preis einer Verletzung der Haut zu bekommen, die erst nach einem mehrtägigen Vernarbungsprozess heilt. Im Fall von Trauer-Tätowierungen entsprechen die Vernarbungen des Gravurvorgangs den Vernarbungen der seelischen Wunden. Sie heilen, aber ihr Vorhandensein wird unübersehbar festgehalten. Die tätowierte Haut bleibt dabei durchlässig für allerlei sinnliche Erfahrungen, für Berührung, für Wärme und Kälte, für die Blicke der anderen. Sie ist in ihrer Organfunktion nicht beeinträchtigt. Aber sie erlaubt es zu kommunizieren, gerade in Situationen, wo Worte fehlen oder gar, wenn kein Zugriff auf das kognitive Bewusstsein zu bestehen scheint: Sie ist Ausdrucksorgan und Kontaktorgan. »Die Haut ist Ausdrucksmedium von Individualität in der Polarität zwischen Ich und Du«, formuliert die Seelsorgerin Inken Mädler (2009, S. 723). Tätowierungen geben damit nicht Auskunft über ein momentanes Selbstbefinden, sondern halten ein Selbstbild auf Dauer fest.

Für Trauerbegleiter*innen ist es folglich sinnvoll, darauf zu achten, ob ein trauernder Mann an sichtbaren Stellen seines Körpers eine Tätowierung trägt. Diese kann sich auf eine frühere Trauererfahrung beziehen und zu einem Gespräch darüber einladen. Es genügt in der Regel, die eigene Beobachtung zu formulieren, um zu sehen, ob der Gesprächspartner auskunftsbereit ist: »Ich sehe, Sie tragen da eine Tätowierung, darf ich nachfragen, was sie Ihnen bedeutet?« In der Regel werden Tätowierungen am eigenen Körper mit einer wertenden Stellungnahme kommentiert, zum Beispiel als »dumme Jugendsünde« bezeichnet oder mit Stolz präsentiert: Ein Hemdsärmel wird nach oben gerollt, die Brust freigemacht oder Ähnliches. Es dauert nicht lange, bis der biografische Bezug und die Auswahl des Motivs geschildert werden. Tätowierungen tragen damit in der Regel dazu bei, die Trauererfahrung in Worten auszudrücken und mit Erzählungen zu verbinden.

Im Rahmen der Trauerbegleitung kann es sich auch ereignen, dass ein Mann von seinen Überlegungen, sich tätowieren zu lassen, berichtet und dabei einen vorurteilsfreien Gesprächspartner oder eine vorurteilsfreie Gesprächspartnerin braucht. Dabei sind sowohl ganz praktische Erwägungen hilfreich (z. B. »Haben Sie ein bestimmtes Tattoo-Studio im Blick?«, »Wie gehen Sie damit an Ihrem Arbeitsplatz um?«) als auch ein prozesshaftes Entwickeln eines geeigneten Motivs.

Interessanterweise ist das Konzept des Memorial-Tattoos oder der Trauer-Tätowierung ein uraltes. Schon in alttestamentlicher Zeit findet sich eine Bemerkung über eine Tätowierung Gottes. Der Hintergrund ist die Erfahrung Israels, nach einer vernichtenden Niederlage die Heimat verloren zu haben und ins Exil verschleppt worden zu sein. Der Tempel Jerusalems auf dem Berg Zion als zentrales Heiligtum und Identifikationsort ist zerstört und für die Gläubigen unwiederbringlich verloren. Die Vertriebenen sind erfüllt von Trauer über den Verlust und

Sehnsucht nach der Heimat. Ob sie jemals zurückkehren werden? Und wenn, was wird dann noch übrig sein? Selbst wenn sie Stadt und Tempel wieder aufbauen wollten, nach welchen Plänen sollen sie das tun? Wer wird sich noch erinnern? Da wendet sich ein Prophet an sie und verkündet ihnen inmitten ihrer Hoffnungslosigkeit:

»Jauchzet, ihr Himmel; freue dich, Erde! Lobet, ihr Berge, mit Jauchzen! Denn der Herr hat sein Volk getröstet und erbarmt sich seiner Elenden.«[2]

Offenbar fühlen sich die Exilanten nicht verstanden. Im biblischen Text antwortet an ihrer Stelle – voller Schmerz und Klage – der zerstörte Ort Zion selbst: »Zion aber sprach: Der Herr hat mich verlassen, der Herr hat meiner vergessen.« Darauf antwortet der Prophet mit einem Spruch, der ganz nah an menschlicher Erfahrung ist. Er vergleicht den Gott Israels mit einer fürsorglichen Mutter: »Kann auch eine Frau ihr Kindlein vergessen, dass sie sich nicht erbarme über [das Kind] ihres Leibes? Und ob sie seiner vergäße, so will ich doch deiner nicht vergessen.«

Und zum Beweis des unauslöschlichen Gedenkens Gottes, der sein Volk nicht dem Schicksal überlassen wird, spricht der Prophet mit der Stimme Gottes selbst und verweist auf seine Hände: »Siehe, in die Hände habe ich dich gezeichnet; deine Mauern sind immerdar vor mir.«

Der Text spielt mit dem Bild von tätowierten Händen Gottes. Es gibt im alten Orient tatsächlich Hinweise, dass der Grundriss einer Stadt (»die Mauern«) als Motiv in die Haut geritzt wurde, um die Stadtstruktur zu erinnern und die Tätowierung für einen Wiederaufbau nutzen zu können. Gott hat seine Verbundenheit mit Israel verkörperlicht und hat sie in seine Hände eingezeichnet, sodass sie ihm immer vor Augen ist. Er gibt sogar

---

2 Dieses und die folgenden Zitate aus Jesaja 49,13–16, Übersetzung nach Luther, 2017.

das Motiv an, das er sich in die Handflächen hat ritzen lassen: die Mauern und den Straßenplan der Tempelstadt. Also das, was von Aggressoren aus jeder Erinnerung gelöscht sein sollte. Gott hat es bewahrt, als einen Bauplan für die Zukunft. Gottes Gedenken, Barmherzigkeit und Trost sind konkret. Sie bieten Perspektiven für die Zukunft. Trauer-Tätowierungen sind Signale von Zukunft und anhaltender Verbundenheit.

1.4.2 Nicht stehen bleiben: Trauerpilgern

Im Film »Dein Weg« (The Way, USA 2010, Regie: Emilio Estevez) macht sich der Augenarzt Tom Avery auf eine Reise nach Europa, um die Urne mit den sterblichen Überresten seines Sohnes Daniel in Frankreich abzuholen. Vater und Sohn hatten in den letzten Jahren kaum Kontakt und waren sich fremd geworden. Daniel, in den Augen des Vaters ein Taugenichts, wollte den Camino Francés gehen, geriet aber schon auf der ersten Etappe in den Pyrenäen in einen Sturm und kam ums Leben. All das erfährt der Vater erst, als er bei der Polizei einen Rucksack und in einem Kästchen die Asche des Toten in die Hände gedrückt bekommt. Tom entscheidet sich spontan dazu, den Rucksack selbst zu schultern und die Pilgerwanderung auf sich zu nehmen. Körperlich wenig geübt und ein wenig übergewichtig, geht er doch Schritt um Schritt und findet nach und nach heraus, wer sein Sohn eigentlich war. An markanten Stellen und in Momenten, in denen er seiner Trauer spürbar näherkommt, nimmt er eine Handvoll Asche und verstreut sie auf dem Weg, den der Sohn nicht vollenden konnte.

Der Protagonist wird gespielt von Martin Sheen, der als Schauspieler insbesondere durch den Vietnam-Kriegsfilm »Apocalypse Now« berühmt geworden ist; er gilt als ein ausgesprochen körperlicher Darsteller in der Tradition James Deans. Der Film zeigt, wie sich Tom durch seinen Trauerweg quält und verwandelt.

Trauerpilgern ist keine Erfindung Hollywoods. Pilgern ist für viele Trauernde eine Möglichkeit, sich Zeit für ihre Trauer zu nehmen und sich dabei sowohl auf körperliche und psychische als auch spirituelle Erfahrungen und Prozesse einzulassen.

In einer anonymisierten Befragung von Pilger*innen aus ganz unterschiedlichen Ländern, etwa auf der Hälfte des populären Jakobswegs nach Santiago de Compostela, haben wir – der Arzt und Spiritualitätsforscher Arndt Büssing, der Herbergsleiter Daniel Fernandez und ich (T. R.) – herausgefunden, dass der größte Teil der Reisenden den Weg unternimmt, um zu Klärungen im eigenen Leben oder für den weiteren Lebensweg zu finden. »Mich selbst und die aktuelle Situation besser zu verstehen« und »über bestimmte Dinge in meinem Leben nachdenken« waren die am meisten angekreuzten Items unserer Befragung. Knapp 400 Menschen füllten einen Fragebogen aus, den wir in der zentralen Herberge des Ortes Sahagún auslegten, 48 % davon Frauen, 52 % Männer, im Durchschnitt 45 Jahre alt. Gefragt nach ihrem Familienstand war die größte Gruppe der Teilnehmenden – mit über 40 % – Alleinlebende/Singles, während Geschiedene 11 % und Witwer bzw. Witwen 2,4 % ausmachten (verheiratet waren etwas über 32 %, mit Partner*in lebend knapp 14 %). Gerade für die Gruppen ohne aktuelle*n Partner*in war das Motiv leitend, die eigene Situation besser zu verstehen und Klärungen für die Zukunft zu finden (Roser, Fernandez u. Büssing, 2022).

Während meines eigenen Jakobswegs (T. R.) bin ich Männern begegnet, die diese Ergebnisse unterstützten und zugleich deutlich werden ließen, wie diese Klärungsprozesse stattfinden und auf welche Traueranlässe sie sich beziehen können. Folgende Beispiele finden sich bei Roser (2021):

Ein Brüderpaar aus Frankreich, der Jüngere Mitte zwanzig, der andere knapp zehn Jahre älter, wollten Zeit miteinander verbringen, die sie aufgrund des Altersunterschieds in ihrer Kindheit nie hatten. Der Jüngere hatte den Vater bis zum Tod an einer unheilbaren neurologischen Krankheit gepflegt und begleitet, der Ältere lebte die letzten Jahre in Australien. Der Vater muss ein sportlicher Mann gewesen sein, dem das Wandern und die Natur lieb gewesen waren. Sie erzählten viel von ihm und von den Jahren der Krankheit, bei denen die Lasten ungleich verteilt waren. Nun, ein Jahr nach dem Tod des Vaters, machten sich die Brüder gemeinsam auf den Weg. Am höchsten Punkt, am Cruz de Ferro, nahmen sie die Urne aus dem Rucksack und streuten die Asche des Vaters in den Wind.

Ein knapp sechzigjähriger Mann haderte etwa nach einem Drittel des Camino damit, dass der Weg, von dem er sich so viel erhofft hatte, überhaupt nicht seinen Erwartungen entsprach. Er überlegte, die Pilgerfahrt abzubrechen und einen Rückflug zu buchen. In den Gesprächen, die wir nebeneinander hergehend miteinander führten, schilderte er, dass er nach einem Schlaganfall berufsunfähig war und seinen kaufmännischen Job aufgeben musste. Er lebte allein, war aber mit seiner Frau noch verheiratet. Er wisse nicht, sagte er, ob sie zusammenbleiben sollten. Zunächst aber entschied er sich zum Weitergehen, hielt mit Freunden und Familie zu Hause über soziale Medien den Kontakt und ließ sich auch von heftigen Blasen an den Füßen nicht vom Weitergehen abhalten. Als er in Santiago ankam, war er stolz, diesen Weg »ganz durchgezogen« zu haben und sein Leben nicht als eine Reihe von unabgeschlossenen Dingen und Abbrüchen bewerten zu müssen. Mittlerweile hat er gemeinsam mit seiner Frau Santiago noch einmal besucht.

Nach zwei gescheiterten Ehen hatte sich ein Nordamerikaner an seinem sechzigsten Geburtstag in den Flieger gesetzt und sich mit einem deutlich überladenen Rucksack auf den Weg an das Kap Finisterre – das Ende der Welt – gemacht. Körperlich von eher schmaler Konstitution trug er schwer an der übermäßigen

Last auf seinem Rücken und dem ausgeprägten Ehrgeiz, jeden einzelnen Schritt ohne Hilfe zu gehen, auch wenn er über weite Strecken durch schmerzhafte Entzündungen in Gelenken und Sehnen geplagt wurde. Keinen Meter wollte er mit einem Bus bewältigen. Also stand er morgens schon um vier in den Pilgerschuhen und ging los, kam aber meist sehr spät an. »Warum fällt mir dieser Weg so schwer, warum habe ich solche Schmerzen?« Erst das letzte Wegstück an den Atlantik konnte er so genießen, als habe er seine schwere Last abgelegt.

Gut 1800 Kilometer war ein Mann unterwegs, um Wut und Hass nach dem Tod seiner Frau und seines Sohnes zu überwinden. Diese waren Opfer von Rasern geworden, die sich in einer deutschen Großstadt ein illegales Autorennen geliefert hatten. Der Raser überlebte, aber bei der Kollision kam die Familie des Mannes fast komplett ums Leben, nur die Tochter überlebte schwer verletzt. Nachdem der Täter vor Gericht nur zu einer milden Bewährungsstrafe verurteilt worden war, begab sich der wütende Ehemann und Vater von zu Hause aus auf den Jakobsweg, ging nach Santiago, an die Atlantikküste und schließlich zurück in die Heimat. Als ich ihm begegnete, erzählte er mir seine Geschichte und strahlte ein Gefühl inneren Friedens aus. Er habe am Ende der Welt seine Frau und seinen Sohn wiedergefunden – in Gestalt zweier Delfine, die vor der Klippe auftauchten, sagte er. Jetzt könne er in sein Leben zurückkehren, er habe ja noch eine Tochter, die im Übrigen ganz furchtlos ihr Leben angehe.

Wer auf dem Jakobsweg mit offenen Augen geht, wird die vielen Zeichen von Trauer nicht übersehen können. Schon auf der ersten Etappe, dem Weg über die Pyrenäen, sind Fotos und in Papier eingeschweißte Texte zu lesen, oft mit einem Bändchen an einen Baum oder einen markanten Stein geknüpft. Der Weg, der zum Grab des Apostels Jakobus führt, ist auch ein Weg des Gedenkens an andere Verstorbene, die Bedeutung haben im

Leben der Pilgernden. Am höchsten Punkt schließlich steht auf einem unbearbeiteten Eichenstamm ein schmuckloses Metallkreuz. Am Fuß des Stamms legen die meisten Pilger*innen einen Stein ab. Sie haben ihn von zu Hause mitgebracht und tragen ihn seither in ihrem Gepäck. Manche Steine sind klein wie Murmeln, manche groß wie eine Kinderhand. Pilgernde schildern den Moment, in dem sie den Stein ablegen, als einen der emotionalsten auf dem Weg. Ob aus Erleichterung oder als Ausdruck einer Schwere um das Herz – viele Pilger*innen weinen an dieser Stelle.

Aber ein Pilgerweg zeichnet sich nicht zuerst durch sein Ziel oder markante Wegmarken aus, sondern durch das Einlassen auf eine körperliche Anstrengung, die die Voraussetzung für innere Prozesse ist. Jeder Pilgerweg beginnt als ein physischer Camino: gerade für solche Männer, die mit ihrem Körper und seiner Leistungsfähigkeit nicht gut vertraut sind. Muskeln und Sehnen, Knochen und Gelenke machen sich bemerkbar, denen man im Alltag wenig oder gar keine Bedeutung zumisst. Die einzelnen Zehen und andere Stellen an den Füßen, das Schienbein oder die Oberschenkel bringen sich unangenehm ins Bewusstsein, wenn ihre Belastbarkeit überschritten wird. Man beginnt, sie zu pflegen mit Hirschtalg, Pflastern oder stützenden Bandagen oder durch eine Massage. Man merkt, wie sehr die Beine die gute Behandlung am nächsten Tag danken, wenn sie das eigene Körpergewicht plus Rucksack weitere 40.000 Schritte tragen sollen. Für trauernde Männer ist Pilgern eine gute Art und Weise, sich auf das Wesentliche zu konzentrieren, auf die Grundfunktionen des Körpers, Essen, Trinken, Gehen, Ruhen, wieder Gehen, Wäschewaschen, Duschen, Schlafen und am nächsten Tag das gleiche Programm. Dabei kommt man mit anderen ins Gespräch und kann, wenn das Tempo für beide passt, gemeinsam eine Strecke miteinander gehen. Unter Pilger*innen ist es aber auch üblich, einander in Ruhe zu lassen, man muss sich nicht entschuldigen, wenn man allein weitergehen will. Jeder hat seinen eigenen Weg zu gehen, jeder den eigenen Rucksack zu tragen.

Unweigerlich kommen die Gedanken in Bewegung, je mehr der Körper sich eingelaufen und an die Belastung gewöhnt hat. Gerade auf den Streckenabschnitten, die wenig zu bieten haben, beginnt der psychische Camino. Wenn die inneren Bilder und Eindrücke den Pilger zu überwältigen drohen, kann er sich einfach niederlassen und auf jemanden warten. Fast jede andere mitpilgernde Person hat ein offenes Ohr, und in vielen der einfachen Herbergen gibt es Möglichkeiten zum Gespräch.

Nicht jeder hat Lust oder Zeit, sich drei, vier oder gar fünf Wochen auf eine Pilgerreise nach Spanien zu begeben. Und nicht jeder kann sich in der Zeit der Trauer vorstellen, allein in der Fremde unterwegs zu sein, wo er Sprache und Gepflogenheiten nicht kennt. Aber Bewegung unter freiem Himmel tut dennoch gut.

Einige Einrichtungen und Gruppen im deutschen Sprachraum bieten auch hierzulande Pilgertage für Trauernde an, manchmal gezielt nur für Männer. Eines dieser Projekte hat 2014 einen Preis als Modellprojekt für gelungene Seelsorge im Raum der Evangelischen Kirche gewonnen: das Angebot »Pilgern an Lebensübergängen und in Krisensituationen« der Stadtakademie München und des Evangelischen Forums Annahof Augsburg. Es richtet sich u. a. an erwachsene Personen, die einen geliebten Menschen durch Tod verloren haben. Auch Pilgern für Männer gehört zum Angebotskatalog. Die Pilgertouren sind entweder eintägig oder umfassen bis zu sieben Tage; am Tag werden zwischen 22 und 28 Kilometer zurückgelegt; die Tagesstruktur ist in Gesprächszeiten, Schweigezeiten, Zeiten zum Austausch und thematische, teils geistliche Impulse gegliedert, die Gruppengröße ist begrenzt auf 16 Teilnehmer und ein Team von vier Trauerbegleitern. Geschätzt wird an diesem Angebot, dass die Männer untereinander Trost spenden, indem sie Freud und

Leid teilen, miteinander den Sonnenuntergang anschauen, am Abend ein Bier trinken und jeder durch eigene Erfahrung weiß, was der andere durchmacht. Es ist gerade der Umstand, nicht in einem Raum auf Stühlen zu sitzen und reden zu müssen, sondern nebeneinander herzugehen und beim Gehen die Gedanken ordnen zu können, der Trauerpilgern so attraktiv macht. Man lernt, seine Situation zu ertragen, nach Lösungen für Probleme zu suchen, und erlebt im konkreten Kontakt untereinander, dass man als trauernder Mann Akzeptanz findet (vgl. Lammer, 2020).

Michael Kaminski, der das Projekt in München leitet, schildert in seinem Buch »Pilgern mitten im Leben: Wie deine Seele laufen lernt« (2020), wie sich Lebensübergänge wie das Abschiednehmen eignen für ein gemeinsames angeleitetes Pilgern. Vom Münchner Konzept des Trauerpilgerns berichtet außerdem eingehend Tobias Rilling in seinem Buch »Auf die Füße kommen: Die Zeit der Trauer durchwandern« (2013). Er beschreibt, wie der mehrtägige Pilgerweg von München bis Rottenbuch einzelne Phasen bekannter Trauermodelle abbilden kann. Einzelne Übungen, Impulse und Segensworte greifen die Phasen gezielt auf. So befasst sich der erste Tag mit »aufbrechenden Emotionen«, schon vom Packen über die Euphorie des Aufbruchs bis zur Ernüchterung über die Schwere des Gepäcks und den noch unrunden Schritt. Am zweiten Pilgertag steht das Suchen im Zentrum: das Suchen von Verlorenem in Erinnerungen und Erzählungen, aber auch das Suchen nach Ordnung der widerstreitenden Gefühle und der Konzentration auf das Lebensnotwendige. Das Gehen in Gemeinschaft ermöglicht es, anderen zuzuhören und ihnen etwas zu erzählen und dabei zu merken, dass die eigenen Gedanken und Gefühle normal sind. Der dritte Tag in der Gruppe ist besonders fordernd: »Sich trennen« ist das Thema, und das ist sowohl innerlich als auch körperlich fordernd, weshalb Pausen zur Erholung gerade an diesem Tag wichtig sind. Die Münchner Veranstalter fordern an diesem

Tag aber gerade dann, wenn die Teilnehmer erschöpft scheinen, zu einem »Power-Pilgern« heraus, einem beschleunigten Tempo, das zeigt, wie viel Kraft noch in einem steckt. Ein besonders gutes Essen, reichlich Flüssigkeit und gute Gemeinschaft belohnen am Abend mit Erholung und neuen Kraftreserven. Nach der bewusst körperlichen Anstrengung folgt am vierten Tag Stille, um sich den inneren gedanklichen Prozessen auszusetzen und zugleich die Natur bewusst wahrzunehmen: Tier- und Waldgeräusche, Gerüche, die Beschaffenheit des Weges. Der fünfte Tag steht im Zeichen des Ankommens: Ein Gefühl des Stolzes, den Weg gegangen zu sein, sich anderen und sich selbst gegenüber geöffnet haben, erfüllt mit neuem Selbstvertrauen und Dankbarkeit. Und zugleich denkt man voraus, wie es weitergeht, wenn man wieder zu Hause ist: Was wird einen erwarten? Wie werden die kommenden Tage sein?

Die Beschreibungen des Trauerpilgerns und der Trauer-Tattoos haben bereits mit Fallbeispielen gearbeitet und zugleich Hinweise auf praktische Möglichkeiten der Begleitung trauernder Männer gegeben. Sie leiten damit zu den beiden nächsten Kapiteln unseres Buches über.

2 Männer und ihre Trauer: Beispiele aus erster und zweiter Hand

2.1 Vorbemerkungen

Im nun folgenden zweiten Hauptkapitel führen wir Fallbeispiele an, in denen trauernde Männer zu Wort kommen bzw. mit ihrer je individuellen Trauer vorgestellt werden. Die Fallbeispiele stehen unkommentiert nebeneinander und sprechen für sich. Es sind nicht nur Beispiele von Männern, die einen Angehörigen durch Tod verloren haben, sondern auch solche, in denen es um Trauer nach Scheidung oder um Trauer nach Verlust von Gesundheit bzw. körperlicher Unversehrtheit geht. Bei den Beispielen, in denen es um Verluste durch Versterben geht, finden sich solche, in denen ein Vater um sein mit gerade drei Jahren verstorbenes Kind trauert, ebenso wie die Trauer eines Mannes, der selbst als Kind den Tod seines Vaters durch einen Schienensuizid erleben musste. Ein weiteres Beispiel nimmt einen Vater in den Blick, dessen Sohn nach langjährigem Drogenkonsum an einer Überdosis verstorben ist. Darüber hinaus gibt es ein Fallbeispiel, das nachgeholte Trauer thematisiert. All diese Situationen zeigen nicht nur die breite Vielfalt von männlicher Trauer, sondern auch, dass Männertrauer viel mehr und viel bunter ist bzw. sein kann, als die üblichen Klischees glauben machen wollen. Wir möchten mit den Fallbeispielen sowohl die Meinung aufbrechen, dass Männer »anders« trauern, als auch Männern in Trauer Mut machen, zu ihrer individuellen Trauer zu stehen und sie bewusst und aktiv zu leben. Die Fallbeispiele stammen entweder aus der Feder der trauernden Männer (»aus erster Hand«) oder wurden nach Interviews und Gesprächen mit ihnen verschriftlicht (»aus zweiter Hand«). Sämtliche Texte wurden von den Männern gegengelesen, auf Wunsch für diese Veröffentlichung pseudonymisiert und hierfür freigegeben. Zwei der Texte stammen von uns selbst (Kapitel 2.6 und 2.8) und berichten von eigenen Trauererfahrungen als Mann.

Bevor die Fallbeispiele, die allesamt aus persönlichen Kontakten der Autoren stammen, beginnen, sei zuvor noch ein prominentes Beispiel angeführt. Der inzwischen über neunzigjährige US-amerikanische Psychoanalytiker Irvin D. Yalom begann gemeinsam mit seiner im November 2019 verstorbenen Frau, der Literaturwissenschaftlerin und Genderforscherin Marilyn Yalom, ein Buch zu schreiben, als feststand, dass die bei ihr diagnostizierte Erkrankung zum Tode führen würde. Das sehr lesenswerte Buch trägt den Titel »Unzertrennlich. Über den Tod und das Leben«. Nach dem Tod seiner Frau schreibt Yalom das Buch allein weiter. Er spricht in seinen Ausführungen als trauernder Witwer ganz typische und zugleich zentrale Gedanken an, u. a. das Leben als alleinstehender Mann, Sexualität und Trauer, Verleugnung, Unentschlossenheit. Im Abschnitt »Allein zu Hause«, den er gut sechs Wochen nach dem Tod seiner Frau verfasst hat, finden sich die folgenden Zeilen:

»Ein Foto von Marilyn steht in einer Ecke des Wohnzimmers mit dem Gesicht zur Wand. Ich sah dieses wunderbare Foto im Nachruf der Washington Post und mochte es so sehr, dass ich das Negativ aufspürte und meinen Sohn Reid […] darum bat, mir ein [sic] Abzug davon zu machen. Er rahmte es und brachte es an Weihnachten mit. In den ersten Tagen war ich sehr darauf bedacht, mir das Foto ausgiebig anzusehen, aber es führte nur immer wieder zu großem Schmerz, sodass ich es schließlich zur Wand umdrehte. Gelegentlich gehe ich hin, drehe es herum, atme tief ein und schaue es direkt an. Sie ist so schön, ihre Lippen scheinen zu sagen: ›Vergiss mich nicht … du und ich, mein Lieber, für immer … vergiss mich nicht.‹ Ich wende mich ab, beladen mit Schmerz. Mehr Schmerz, als ich ertragen kann. Ich weine laut. Ich weiß nicht, was ich tun soll. […] Meine Tränen fließen, während ich diese Zeilen schreibe, und ich halte inne, trockne meine Augen und schaue durch unser Fenster auf die Zweige der alten Eiche, die sich dem klaren blauen Himmel entgegenstrecken« (Yalom u. Yalom, 2021, S. 228 f.).

Was löst eine solche Selbstbeschreibung in uns als Leser*innen aus? Stellen sich Assoziationen in Bezug auf Geschlechterstereotype ein, entsprechen sie einer Vorstellung von »typisch männlich«, oder sind es eher andere Kategorien, die wachgerufen werden, etwa die von Doka und Martin (2010) beschriebenen Muster instrumenteller und intuitiver Trauer (siehe Kapitel 1.3.1)? Urteilen Sie selbst und nehmen Sie diese Fragen mit beim Lesen der nun folgenden Fallbeispiele.

2.2 Verloren und wiedergefunden: Trauerweg nach einer überlebten Reanimation – Selbstbericht eines Klinikseelsorgers (Klaus Aurnhammer)

Klaus Aurnhammer (kein Pseudonym) war als Seelsorger auf einer Palliativstation tätig, ein sportlicher, aktiver Mann. Ein Herzinfarkt reißt ihn aus seinem gewohnten Leben. Er berichtet von der Trauer darum und dem mühsamen, aber lohnenden Weg zurück in ein Leben danach.

Eigentlich hätte ich diese Zeilen gar nicht schreiben können, denn entweder wäre ich vor einigen Jahren bereits gestorben oder wäre ein »dauerhafter Pflegefall« geblieben, wie ein Neurologe in der Universitätsklinik in Freiburg meiner Frau damals sagte. Wie Sie aber lesen können, kam es alles etwas anders. Was war passiert?

Ich war auf einer längeren Fahrradtour ohne Vorwarnung vom Rad gefallen. Ich war 56 Jahre alt, nicht vorerkrankt, eher schlank und sportlich. Der Randstreifen der Straße, auf dem ich dalag, war zwanzig Minuten entfernt von einem rettenden Krankenwagen. Der Notarzt brauchte dann etwa dreißig Minuten, um mein Herz halbwegs zu stabilisieren. Zwölf Tage lag ich auf der Intensivstation, verkabelt, heruntergekühlt, an Infusionen gebunden. Ich habe keinerlei Erinnerungen an diese Zeit und bin angewiesen auf die Berichte meiner Frau und anderer, die mich besuchten. Einigermaßen stabil verlegte man mich in eine neurologische Frühreha-Klinik. So langsam »schaltete sich mein Gehirn wieder ein«, ich konnte klar sprechen und denken und begann, meine neue Lage zu reflektieren. Zu meiner Bestürzung stellte ich fest, dass ich viele ganz alltägliche Dinge nicht mehr konnte, als hätte ich sie »vergessen«. Ich konnte mit normalem Besteck nicht mehr umgehen, ich konnte keine Zähne mehr putzen, weil ich nicht mehr wusste, wie man eine Zahnbürste richtig hält. Die Krankengymnastin stellte fest, dass ich den Unterschied zwischen links und rechts nicht mehr beherrschte. Das war mehr als verstörend. Blieb das etwa, ging das noch mal weg? Im Speisesaal bekam ich ein Lätzchen umgehängt, damit ich nicht so schlabberte. Das fühlte sich schrecklich an. Es war, als wäre ich aus dem normalen Leben herausgefallen. Mit Mitte fünfzig hatte ich die Fähigkeiten eines drei- oder vierjährigen Kindes. Durch Erfahrungen in meiner Pubertät mit einer kranken Mutter hatte ich ein seelisches Muster entwickelt, das mir nun tatsächlich half.

Viele Männer reagieren auf eine existenzielle Krise mit Wut oder Ärger. Ich hatte durch meine Erfahrung in der Jugend einen guten Zugang zum Traurigsein. Ich begann zu trauern. Nicht, dass das bewusst geschah. Ich entschloss mich nicht dazu, ich wurde einfach unendlich traurig. In jeder Therapiestunde stieß ich auf meine Unfähigkeiten im praktischen Tun. Ich weinte viel, schluchzte und klagte. Das konnte doch alles nicht wahr sein. Vor einigen Wochen hatte ich doch noch auf einer Tagung auf Sylt einen Fachvortrag gehalten, hatte noch die Mama einer guten Freundin beigesetzt, und nun das! Ich war ein hirngeschädigter Mann, der an einer ausgeprägten Apraxie litt, die ihn hinderte, ganz alltägliche Dinge zu tun, und der dabei Unterstützung benötigte. Das Herz und der Kreislauf waren stabil, ich konnte mich geregelt mit anderen Menschen, meiner Frau, den Kindern, Freunden und den Therapeutinnen unterhalten und denen dann auch haarklein schildern, was ich alles an Fertigkeiten verloren hatte. Das heißt, der Kopf war an diesen Stellen recht geordnet. Wenn ich aber das Zimmer verließ, um zum Speisesaal zu gehen oder in einen der Therapieräume, dann konnte ich mir nicht merken, ob ich mich nach rechts oder links wenden sollte. Eines Tages verlief ich mich heillos in dem Gebäude und landete im Keller im letzten Therapieraum. Glücklicherweise fand ich eine Krankenschwester. Sie fragte mich nach meiner Zimmernummer. »220 oder 002, ich weiß es nicht mehr so genau.« Ob ich den Namen meiner Station wüsste. Auch Fehlanzeige. Immerhin wusste ich, wie ich hieß, und so landete ich dann geführt auf meinem Zimmer. Sofort warf ich mich auf mein Bett und heulte. Nicht einmal in einem Gebäude konnte ich mich orientieren. Was für eine Schande. Das empfand ich tatsächlich. Ich schämte mich zutiefst, dass ich so zurückgeworfen war. Und ich spürte, wie sehr ich auf die Hilfe anderer angewiesen war. Ich, der professionelle Helfer, der Krankenhausseelsorger, der sich anderen zugewandt hatte, erlebte, wie abhängig wir Menschen in einer Lebenskrise werden können.

Diese Erfahrung tat allerdings nicht weh, ich nahm Hilfe gerne an. Ich habe seither allerdings viel mehr Gefühl für die Situationen von Patienten, denen ich im Krankenhaus beggne.

Ich habe nun durch die eigene Erfahrung eine Ahnung, wie sie sich wohl fühlen mögen. Spannend finde ich bis heute, dass ich mich damals schämte für das, was nicht gelang, ich die Hilfe anderer aber dankbar annahm. Auch, dass eigene Trauer sich mit Scham verbinden kann, war damals eine neue Erkenntnis, die mich bis heute begleitet. Da lebte ich nun sechs Wochen in einer neurologischen Klinik und betrauerte so viele verloren gegangene Fähigkeiten. Immer wieder die bange Frage: Bleibt das so? Das wäre doch schrecklich. Ich wäre ja kaum alltagstauglich, ganz zu schweigen von irgendeiner Form von Arbeitsfähigkeit. Das lag damals so weit weg, da mochte ich gar nicht hinschauen. Große Zweifel nagten an mir. Könnte sich mein lädiertes Gehirn so entwickeln und regenerieren, dass ich die verlorenen Fähigkeiten noch einmal erlernen könnte? Ich war sehr unsicher und mochte mich damit eigentlich gar nicht beschäftigen. Ich zweifelte kraftvoll. Allerdings schoben sich dann andere Erfahrungen dazwischen, die mich ermutigten, weiterzugehen. Mit jeder Woche erlebte ich, dass so dies und das »zurückkam«. Irgendwann konnte ich wieder geregelt mit Besteck umgehen. Die pfiffige Ergotherapeutin half mir dabei, dass ich mir eine Hose oder ein T-Shirt wieder allein anziehen konnte. Konnte es also in aller Trauer so etwas wie Hoffnung geben? Immerhin: Ich war 56, und das war damals ein echtes Erfolgserlebnis, das weiß ich noch genau.

Meine Frau und ich unterhielten uns oft und intensiv über meine Erfahrungen. Ein Punkt war, dass ich regelmäßig Enttäuschungen erlebte. Ich probierte etwas und es gelang nicht, wieder und wieder nicht. Das war zermürbend. Eines Tages unterhielten wir uns über den Sinn des Wortes »Enttäuschung«. Was mochte der Begriff bedeuten? Ich entdeckte, dass in dem Wort »Täuschung« steckte. Das fand ich faszinierend. Worin täuschte ich mich denn immer wieder? Wir kamen darauf, dass ich mich in der Beurteilung meiner Lage täuschte. Ich war nicht in Kontakt mit meiner aktuellen Realität, nicht in Kontakt mit meinem Sein. Konnte es gelingen, die Täuschung wegzunehmen, sich von ihr freundlich zu verabschieden? Der Gedanke reizte mich. Der Weg, das auch wirklich umzusetzen, sollte noch viele Wochen dauern. Aber ein Schritt in die »richtige« Richtung war gemacht. Die Wochen entwickelten sich zu einer Achterbahnfahrt der Gefühle. An manchen Tagen hätte ich am liebsten alles hingeschmissen und musste viel weinen, an anderen Tagen keimte leise eine Hoffnung auf, dass »es gut« werden könnte. Ich war innerlich so hin- und hergerissen.

Was war hilfreich in dieser Zeit? Meine Frau hatte sich von ihrem Arbeitgeber freistellen lassen. Sie war die sechs Wochen rund um die Uhr bei mir, im wahren Sinn des Wortes. Wir teilten ein Zimmer, sie begleitete mich zum Essen und bei allen Therapieeinheiten. Wäre es anders gewesen, ich hätte das entweder gar nicht überlebt oder aber in einer wesentlich schlechteren Verfassung. Ich sagte damals zu meiner Frau: »Wenn du nicht da gewesen wärst, wäre ich eingegangen wie eine nicht gegossene Primel.« Die Zeit der Frühreha ging zu Ende. Ich wurde in eine neurologische Klinik ins Saarland verlegt. Das bedeutete für meinen Genesungsprozess zunächst einen Rückschritt. Hier gab es kein »Rooming-in« [die Möglichkeit, dass auch die Ehefrau im Zimmer des Patienten wohnt – T. R.]. Meine Frau arbeitete normal und kam so gegen fünf mich besuchen. Ich war auf einmal auf mich allein gestellt. Das bekam mir zunächst nicht so gut. Weiter konnte ich mich in dem großen Bau nicht orientieren, man brachte mich zu den Therapieeinheiten hin und holte mich wieder ab. Wie verbringt man seine Zeit dort sitzend? Ich dachte, ich könnte mal das kleine Einmaleins probieren. Manche Zahlenreihen wie die zwei, die drei oder die fünf gingen hervorragend. Aber bei sechs, sieben, acht oder neun ging mein Hirn immer wieder in die Knie. Das konnte doch nicht wahr sein! Ich, der ich mein Abitur einst in Mathe mit Integral- und Vektorrechnung mit Bravour abgeschlossen hatte, scheiterte an Aufgaben für Grundschüler, ein schreckliches Gefühl überkam mich.

Und so ging mein Trauerweg weiter. Anette, meine Frau, machte mit mir in der ersten Woche eine Abmachung. Ich sollte, wenn sie abends kam, ein Gefühl benennen, das meinen Tag bestimmt hatte, so etwas wie ein Tagesmotto. Damit begann eine traurige und am Ende auch eine bedrohliche Woche. Bei den Therapieeinheiten gelang vieles gar nicht gut. Das Rechnen, die Gedächtnisleistung, die Raumwahrnehmung: Eine Baustelle reihte sich an die andere. So war mein Motto am Tag eins: »Verloren«, das Motto am nächsten Tag war: »Verloren, Tag zwei«. Am dritten Tag fiel mir ein: »Verloren, Tag drei«, und am vierten Tag lautete das Motto: »Versunken«. Ich hatte das Gefühl, auf dünnem Eis gegangen zu sein. Das alles fühlte sich schrecklich an, wieder musste ich viel weinen. Ich versuchte zu schreiben und war schier entsetzt, als ich feststellte, dass mein Hirn »vergessen« hatte, wie ich meinen Namen schreiben soll. Und wieder dachte ich: »Das darf doch nicht wahr sein, Klaus, du kannst nicht mehr schreiben.« Und da war sie wieder, die Trauer. Der Prozess ging weiter. Hörte das denn nie auf? Immer wieder kamen Zweifel auf, die mich umhertrieben und verstörten. Ich lernte in den nächsten Wochen wie ein Erstklässler das Schreiben, Buchstabe für Buchstabe. Und es gelang tatsächlich, aber es dauerte.

Nach einiger Zeit in der Klinik war vieles im Ablauf routinierter geworden. In den Therapieeinheiten leuchteten kleine Lichter der Hoffnung auf. Meine Frau und ich saßen viel auf unserem Balkon, gingen abends immer wandern, die Gegend ist wunderschön, wir sahen kleine Kälbchen groß werden, entdeckten Himbeeren und Brombeersträucher, saßen bei Wind gerne unter einem Espenbaum, dessen Blätter sprichwörtlich zitterten. Ich begann wieder zu meditieren und saß mehrmals am Tag auf meinem Sitzkissen, um mich »der Wirklichkeit Gottes« hinzugeben, so nennt das mein Kontemplationslehrer in Münsterschwarzach.

Wir bekamen viel Besuch, Kollegen, Freunde, Verwandte. Das alles tat unendlich gut. Die Wunden begannen zu heilen. Die Tage, an denen ich traurig war, wurden seltener. Fast vier Monate lebte ich in dieser Klinik. Drei Wochen vor der Entlassung sprach der von mir sehr geschätzte Oberarzt mit mir über meine Perspektiven. Die Klinik muss alle zwei Wochen bei der Kasse einen Verlängerungsantrag stellen. Wenn das Team der Überzeugung ist, dass der Aufenthalt den Prozess des Patienten befördert, gibt es wieder zwei neue Wochen. So hatten wir uns durch die Monate gehangelt. Nun meinte der Arzt, noch einmal zwei Wochen, dann würde er die Entlassung vorschlagen. Ich solle mich krankschreiben lassen, aber weiter ambulant Ergotherapie machen und neuropsychologische Unterstützung erfahren. Er könne sich vorstellen, dass ich im nächsten Jahr wieder arbeiten könnte. So machten wir das. Anfang Mai erlitt ich den Herzinfarkt, Ende Oktober wurde ich entlassen. Am 2. Mai des nächsten Jahres war ich wieder mit ganzer Stelle bei der Arbeit einsatzfähig. Eine wilde Zeit mit »Aufs und Abs« war beendet. Aber das war nur eine Etappe. Der Prozess ging ja weiter. Auch bei der Arbeit gelang vieles erst einmal nicht so, wie ich das in Erinnerung hatte. Auch hier musste ich mir die »Normalität« – was ist das eigentlich? – Stück für Stück »zurückerobern«. Schnell war klar, dass meine Raumwahrnehmung mir so manchen Strich durch die Rechnung machte. Beim Bestecklegen muss ich mich auch heute noch immens konzentrieren, sonst lege ich alles irgendwie kreuz und quer. Nach einer Anleitung irgendetwas dreidimensional zusammenbauen, das geht nicht oder nicht gut. Diese Fähigkeit von früher vermisse ich schon. Da bin ich immer wieder mal traurig. Aber ich erfahre ja Hilfe von anderen, deren Hirn an dieser Stelle kein Leck hat.

So habe ich damals erlebt, wie es sich anfühlt, wenn man etwas, also viele alltägliche Fähigkeiten, verliert. Ich durchlebte die Bestürzung und das Nichtwahrhabenwollen, das Traurigsein, die Zweifel und das Phänomen der Enttäuschung. Der Weg war hart, aber er hat sich gelohnt. Ich erhielt ein großes Geschenk: die Erkenntnis, dass es im Leben immer um das Sein geht, das eigene Sein, das Sein der Anderen und letztlich das große unnennbare Sein, das uns alle miteinander verbindet, nährt und immer wieder ins Leben zurückführen will. Das fühlt sich bis heute, wo ich diesen Satz schreibe, unendlich gut an.

2.3 Verlust eines Kindes im Alter von drei Jahren - sieben Fragen und Antworten (Herr S.)

Herr S. (er wünscht kein Pseudonym) und seine Frau sind Eltern von drei Kindern. Die jüngste Tochter stirbt nach schwerer Krankheit im Alter von drei Jahren. Im Gespräch mit Norbert Mucksch berichtet er, wie er diese Zeit und die Zeit nach dem Tod der Tochter als Vater und als Ehemann erlebt hat.

Erste Frage: Wie war der Krankheitsverlauf und auch der Hoffnungsverlauf?

Auf diese Eingangsfrage beschreibt Herr S. zunächst seine verstorbene Tochter. Sie war sein drittes Kind und seine dritte Tochter und sie war für ihn und seine Frau das absolute Wunschkind. Mit dieser dritten Tochter stellte sich bei der Familie das intensive Gefühl ein, nun mit drei Kindern eine komplette Familie zu sein. Die beiden älteren Schwestern sind sieben bzw. fünf Jahre älter als die verstorbene Tochter. Mit der Geburt, so die Worte des Vaters, war die Familie nun komplett und alles war wunderbar. Herr S. nahm sich zwei Monate Elternzeit, was bei den beiden anderen Töchtern beruflich bedingt nicht möglich gewesen war.

Die jüngste Tochter, so beschreibt es Herr S., war von Geburt an ein sehr entspanntes, fröhliches und ausgesprochen hübsches Kind. »Sie hat unser Leben sehr, sehr leicht gemacht.«

Die Diagnose einer ernsthaften Erkrankung kam kurz nach ihrem zweiten Geburtstag. Festgestellt wurde eine Raumforderung an der Niere, ein sogenanntes Nephroblastom, für die Familie eine absolute Schocknachricht aus heiterem Himmel. Gleichzeitig gab es aber auch gute Nachrichten: Die behandelnden Ärzt*innen konnten keine Streuung (oder Bildung von Metastasen) feststellen und sprachen von einer guten Prognose. Zugleich handelte es sich nach Aussage der Mediziner*innen um eine Erkrankung, die bereits lange bekannt und recht gut erforscht sei. Es gab Therapieprotokolle und eine realistische Perspektive auf Genesung. Die Heilungschancen lagen bei 95 %.

Es folgte dann ein mehrwöchiger Block Chemotherapie mit anschließender operativer Entfernung des Tumors mitsamt der betroffenen Niere. Beides steckte die erkrankte Tochter sehr gut weg und erholte sich schnell von der OP und der nachfolgenden Therapie. Entsprechend ihrem Wesen ertrug sie die Widrigkeiten und machte, so der Vater, der Familie das Leben mit dieser Situation leicht. Sie habe sich nie beschwert und war immer äußerst ruhig.

Nach der OP folgte ein weiterer Chemo-Block. Nach Ostern wurde sie aus dem Krankenhaus entlassen mit der Aussicht, dass die Therapie nun beendet sei. Vor dem Sommerurlaub, also wenige Monate später, fand die erste routinemäßige Kontrolluntersuchung im Rahmen der Nachsorge statt mit der Aussage der Ärzt*innen, dass im Grunde kein Anlass zur Sorge bestehe. Die Eltern müssten sich nicht unbedingt aus dem Urlaub melden, um das Ergebnis abzufragen. Gleichwohl ruft Herr S. aus dem Urlaub heraus an und erfährt, dass eben nicht alles in Ordnung sei, dass der Krebs gestreut habe und auch, dass Metastasen in der Lunge festgestellt worden seien.

Es folgte dann eine Therapiefortsetzung außerhalb des vorgesehenen Protokolls und damit war klar, dass die erkrankte Tochter und ihre Familie zu den 5 % gehören, die eben keine gute Prognose haben. Es folgten stärkere Chemotherapien, eine weitere OP im Herbst mit der Entfernung eines Teils der Lunge infolge der Metastasen. Die vorhandenen Metastasen zeigten unter der zweiten Chemotherapie unspezifische Reaktionen. Einige wurden kleiner, andere wuchsen weiter. Es folgten erneut Chemotherapien mit der Idee einer Hochdosistherapie und einer Stammzelltransplantation, dem letzten Versuch außerhalb bekannter Therapieschemata. All das war äußerst risikoreich und mit belastenden Nebenwirkungen verbunden. Aber auch das hat die erkrankte Tochter in ihrer unbeschreiblichen Art über sich ergehen lassen.

Nachfolgend (um Ostern des Folgejahres) fand noch eine umfangreiche Bestrahlung der gesamten Lunge statt. Wenige Wochen später wurde in einem Gespräch mit den behandelnden Ärzt*innen nach einer weiteren Nachuntersuchung mitgeteilt, dass die Metastasen in der Lunge immer noch vorhanden waren. In diesem Gespräch wurde die Endgültigkeit der Situation seitens der Ärzte ausgesprochen und das war, so der trauernde Vater, eigentlich der furchtbarste Moment.

Es folgte ein Kurzurlaub mit der Familie (über ein Feiertagswochenende). In einem Telefonat mit der Klinik aus dieser kurzen »Auszeit« signalisierten die Ärzte, dass sie noch eine OP wagen wollten. Diese fand Mitte Juni statt. Nach einer ganz kurzen Erholungsphase auf der Intensivstation verschlechterte sich der Zustand der Tochter. Sie wurde ins künstliche Koma versetzt und bedurfte der künstlichen Beatmung.

Nun war die Situation da, im Sinne der Tochter eine gemeinsame Entscheidung zu treffen. Es gab keine Aussicht auf Besserung mehr, nicht einmal auf ein Wiedererwachen. Und so entschieden sich die Eltern, die künstliche Beatmung abzustellen.

Die Tochter verstarb daraufhin in den Armen ihrer Eltern im Krankenhaus. Zuvor, am Sterbetag, waren noch beide Geschwisterkinder im Krankenhaus, ebenfalls beide Großelternpaare.

In der Benachrichtigung seiner beiden anderen Töchter und auch der Großeltern in der finalen Situation habe der Vater sich, wie er sich erinnert, auch als kraftvoll empfunden und die Erfahrung gemacht, dass noch immer Ressourcen da gewesen seien. »Es gab doch Kräfte in mir, auch für andere da zu sein. Ich wusste nicht, dass ich diese Energie überhaupt habe: ›Ich muss jetzt in die Schule gehen, um den Kindern zu sagen: Eure Schwester wird sterben!‹«

Geistliche Begleitung war ihm wichtig. »Schon seit der Rückfalldiagnose war mir klar: Das kann ich nicht alleine tragen«, sagt er rückblickend. So konnte eine gemeinsame Verabschiedung stattfinden. Er schildert die Folge der Ereignisse: »Abschalten der Maschinen – keine Atmung mehr – dann war unsere Tochter tot« (das sagt er mit ganz leiser Stimme).

Zweite Frage: Wie erleben Sie Trauer als Vater und Mann?
Angesprochen auf seine Trauer als Vater und Mann, sagt Herr S. sehr klar, spontan und eindeutig: »Das typische Bild gilt für mich überhaupt gar nicht!« Auch das Sprechen über die Situation und über seine Erfahrungen schon während der Behandlung sei für ihn immer wichtig gewesen, sagt er mit Nachdruck. Im Freundeskreis habe er viel erzählt, er habe viele Telefonate geführt und auch viele Mailkontakte gehabt. »Ich habe das für mich nie empfunden, dass ich viel vergraben muss, dass ich das alles allein mit mir ausmachen muss. Das Sprechen war hilfreich.«

Auf die Frage, ob bzw. was die Trauer mit ihm als Mann und Vater gemacht habe, erklärt er zuerst, dass er die Behandlungszeit eindeutig davon ausnehmen möchte. Diese würde er nicht als Zeit der Trauer bezeichnen, denn da ging es ums Funktionieren. Ganz entscheidend sei für ihn die Bedeutung und Wichtigkeit der Partnerschaft mit seiner Frau gewesen. Das Aufteilen von anstehenden Aufgaben sei für beide wichtig gewesen und der klare Blick darauf, dass beide es schwer haben.

Zu der Frage, was die Trauer um seine verstorbene Tochter mit ihm gemacht habe, benennt er als Hauptgefühl, dass sich sein Leben »quasi vorgespult« habe, vor allem auch dadurch, dass es sich um die jüngste Tochter handelte: »Wir hatten kein kleines Kind mehr, wir hatten auch kein Kindergartenkind mehr. Auf diese Lebenssituation war ich überhaupt nicht vorbereitet. Das Kümmern um ein Kleinkind war ganz plötzlich weg.«

Die mittlere Schwester habe das ausgedrückt mit den Worten: »Ich bin keine große Schwester mehr und wäre es doch gern gewesen!« Es klingt wie Trauer um ein noch nicht gelebtes Leben, ein erhofftes und gewünschtes Leben, das durch die Krankheit unmöglich gemacht wurde. »Uns ist etwas weggenommen worden, was noch nicht dran war.«

Es ist also auch die Trauer darum, dass bestimmte Ereignisse oder Erlebnisse wie Kindergartenzeit, Einschulung, Erstkommunion, Familienunternehmungen mit allen drei Kindern usw., die eigentlich noch gekommen wären, plötzlich nicht mehr stattfinden würden. Die Lebenssituation, in der sich die Familie nun befand, wäre erst in ein paar Jahren dran gewesen.

Als Naturwissenschaftler habe er gut nachvollziehen können, was der Auslöser für die Krankheit war, wie die Behandlungsstrategie zustande kam und wie die Therapien wirken sollten, und er und seine Frau seien auch immer gut informiert worden. »Es gibt auch kein Gefühl, wir hätten etwas falsch gemacht oder falsch entschieden. Was bleibt: Das Unverständnis darüber, warum das unserer Tochter passieren musste und auch warum das mir als Vater passieren musste.« Wut und Zorn habe er allerdings nie empfunden. Dafür gebe es aber keine Erklärung. Es ist eher ein Gefühl von Machtlosigkeit: »Ich als Vater muss mich ergeben und unsere Tochter natürlich auch.« Darüber hinaus

beschreibt Herr S. als wichtigen Faktor die deutliche Veränderung der Familienkonstellation. Daran knüpfen sich für ihn zwei zentrale Fragen an:
- Was passiert mit den Geschwistern?
- Was passiert mit der Beziehung der Eltern/der Ehe?

Konkret erlebt habe er: Kraftlosigkeit, Ängste, Albträume, psychosomatische Beschwerden und Panikattacken.

Befragt zur Gestaltung der Trauer reagiert er sehr spontan und sagt, dass ihm und seiner Frau dies wohl ganz gut gelungen sei. Sie hätten dazu auch viele hilfreiche Anregungen bekommen. Entscheidend dabei sei auch eine Reha für »verwaiste« Eltern gewesen.

Da die Tochter kurz vor den Sommerferien verstarb, stellte sich für die Familie die Frage nach der richtigen Urlaubsgestaltung. Es gab den Impuls, etwas machen zu müssen, etwas, was zur Familie und zur Situation passt. Die ganzen Ferien zu Hause zu verbringen oder einfach einen beliebigen Urlaub zu machen passte nicht. Gemeinsam entschied sich die Familie für eine Hüttentour in den Bergen. Die beiden anderen Töchter waren inzwischen neun und elf Jahre alt, sodass das gut ging. »Diese Tour hat geholfen.«

Aspekte, die zu dieser Entscheidung geführt haben, waren der Familienzusammenhalt und ebenso das In-der-Natur-Sein. Aus Sicht des Vaters war diese Bergwanderung eine gute Möglichkeit, in der Natur Schönheit und etwas Beeindruckendes zu genießen trotz all dem, was da vorher geschehen war, und »dem Himmel ein Stück näher zu sein«.

Seit der Beerdigung besucht er oft und gerne den Friedhof, auch allein. In der ersten Zeit war es für ihn ganz wichtig, diesen Ort, die Grabstätte, aufzusuchen. Dazu gehöre für ihn und die Familie auch, immer irgendwelche Mitbringsel mit ans Grab zu nehmen. Er erwähnt »Herzsteine« bzw. Dinge, die die Natur in

Gestalt eines Herzens geformt hat: »Egal, wo wir sind, wir bringen etwas mit. Wir denken an unser viel zu früh gestorbenes Kind und ›nehmen sie auch mit‹. Und das Grab ist nicht etwas Statisches, es verändert sich.«

Als weiteren Punkt der Gestaltung bzw. des Ausdrucks der Trauer benennt Herr S. eine regelmäßige Mail am Todestag seiner Tochter, die an Bekannte und Freunde verschickt wird. Er beschreibt sie als ein inzwischen schon ritualisiertes Tun der Erinnerung. Immer gleichbleibend ist dabei der Satz: »Alles verändert sich mit dem, der neben einem ist oder neben einem fehlt«, ergänzt um einen zur aktuellen Situation als passend empfundenen Text.

»Es vergeht kein Tag, an dem wir nicht an dich denken!
Die Trauer hört niemals auf, sie wird ein Teil unseres Lebens.
Sie verändert sich und wir ändern uns mit ihr.«

Dabei geht es um das Denken an die verstorbene Tochter mit der bewussten Erinnerung: Es hat jemanden wie sie gegeben. Das Aufrechterhalten der Erinnerung an die jüngste Tochter – auch nach außen – ist der Familie wichtig. Entstanden ist diese Idee über das Jahresgedächtnis.

Dritte Frage: Was hat gut geholfen?

Definitiv ein Meilenstein war für Herrn S. und seine Familie eine Rehamaßnahme für verwaiste Eltern: vier ganze Wochen komplett raus aus der sonstigen Lebenssituation. Entscheidend hilfreich in dieser Zeit war, andere Betroffene in der gleichen Situation kennenzulernen.

Sprechen sei ihm wichtig! Aber auch Schweigen bedeute nicht automatisch Vergessen.

Im Kollegenkreis habe sich sehr schnell sortiert, wer empathisch sei und wer nicht. Engagiert sagt Herr S.: »Ich muss jetzt nicht auch noch Rücksicht darauf nehmen, wer im Kollegenkreis unsicher ist oder nicht. So weit muss ich nicht auch noch denken. Das habe ich gelernt: mich zu distanzieren oder möglicherweise auch schroff zu sein. Ich habe auch gelernt, mich abzugrenzen.«

Er habe auch Neidgefühle auf andere Väter erlebt, die noch Väter von kleinen Kindern sein dürfen: »Letztendlich mündet das auch in die Frage von Machtlosigkeit. Das Neidgefühl war einfach dran, ich konnte es anfangs nicht unterdrücken.«

Herr S. nutzte mal mit, mal ohne seine Frau auch andere Gruppenangebote (etwa im Haus der Familie sowie an der örtlichen Universitätsklinik).

Mit der Zeit habe er gespürt, dass sich seine Rolle in der Gruppensituation und seine Trauer nach einiger Zeit veränderte. Als ihm dies klar wurde, habe er die Teilnahme beendet. Es war nicht mehr der richtige Ort. »Die ursprüngliche Augenhöhe mit den anderen Gruppenteilnehmerinnen und -teilnehmern war nicht mehr da. Ich bin in der Verarbeitung meiner Trauer im Laufe der Zeit vielleicht schon einen Schritt weiter gewesen.«

Gefragt nach Büchern und Gedanken, die ihm geholfen haben, nennt er den ebenfalls trauernden Vater und Buchautor Roland Kachler (2015). »›Du musst nicht loslassen‹, verbunden mit der Frage: Wie kann die Liebe zu meinem verstorbenen Kind einen ›richtigen‹/passenden Ort finden?«

Männliche Stereotype habe Herr S. in den verschiedenen wahrgenommenen Gruppenangeboten kennengelernt: Dazu gehören: »Ich habe mich erst mal in die Arbeit gestürzt« und »Ich habe erst mal zugemacht«. Allerdings: »Für mich selbst war das nicht so«, sagt er. »Selbst in der Krankheitsphase habe ich es als hilfreich empfunden, viel im Austausch zu sein.« Er lacht: »So einer war ich nie. Sprechen war für mich wichtig. – Ich will sagen: Natürlich gestehe ich jedem anderen zu, seinen eigenen Weg zu finden, auch wenn das nicht meiner ist. Mir steht da keine Bewertung zu.«

Eines seiner Hobbys ist Singen, am besten im Chor. In der Trauer habe er sich gefragt: Kannst du überhaupt noch singen? Aber dann erinnerte er sich an das Zubettgehritual mit und für seine verstorbene Tochter, ein Schlaflied, das selbst noch am Todesbett erklungen ist. Er stellte sich selbst die Frage:»Kannst du das jetzt überhaupt noch?« Singen beschreibt er als »Anrühren im Innersten«. Entsprechend war das Wieder-singen-Können ein Meilenstein auf seinem persönlichen Trauerweg.

Bei einem der ersten Auftritte des Chores erlebte er ein Empfinden von Überwältigung und Trauer. Erst im Rückblick kann er sagen:»Es war gut. Singen und Gesang sind etwas sehr Emotionales.«

Vierte Frage: Wie beschreiben Sie Ihre Trauer heute?
»Sie ist ja immer noch da.« Punktuell komme sie immer mal wieder, an besonderen Tagen (wie Geburtstag und Todestag); auch das Singen könne immer noch dazu beitragen, die Trauer zu spüren. Es gebe immer noch das Bedürfnis, die Erinnerung an seine Tochter wachzuhalten: »Für uns ist sie nicht weg.« Es gebe immer noch ihr Zimmer, auch wenn es inzwischen anders gestaltet ist. Aber das Zimmer wird immer noch so genannt: »Es ist ihr Zimmer. – Herzzerreißend war allerdings der Moment, als wir ihr Bett abgebaut haben.«

Es sei nach einiger Zeit aber auch möglich gewesen, dieses Zimmer für andere Zwecke zu nutzen. »Es ist keine Gedenkstätte, kein Museum, selbst wenn wir dort auch heute noch Erinnerungsstücke aufbewahren. Ich konnte im Coronalockdown dort mein Homeoffice machen.«

Ähnlich aufwühlend war auch ein weiterer »Meilenstein«: »Eine Sache, an die ich ganz lange nicht rangegangen bin, war die Gestaltung des Grabsteins. Das hatte für mich zu sehr etwas Endgültiges. Einen Grabstein zu setzen hat etwas davon, dass etwas in Stein gemeißelt ist. Meine Frau war da ein bisschen schneller. Und ein Holzkreuz mit dem Namen, eine Bepflanzung, Blumenschmuck und unsere immer wieder neuen ›Mitbringsel‹ waren ja vorhanden. Zum fünften Todestag war es dann auch für mich möglich. Auch ein Zeichen veränderter Trauer.«

Abschließend zur Frage nach der eigenen Trauer nennt er zwei Arten von Schmerz: Schmerz über den Verlust und Schmerz über das Nicht-mehr-Erleben(-Können oder -Dürfen) von bestimmten Situationen.

Fünfte Frage: Haben Sie eine Botschaft an trauernde Männer?

Gefragt, ob er anderen Männern in einer ähnlichen Situation etwas mitteilen würde, antwortet er: »Die Trauer verändert sich mit der Zeit. Das bedeutet allerdings nicht, dass alles wieder gut wird. Aber mit einem gewissen zeitlichen Abstand steht man schon etwas anders da. Betroffenen Männern und Vätern kann ich nur raten, vorhandene Hilfsangebote zu nutzen.« Das seien Orte zum Sprechen; der Austausch mit Betroffenen und Sprechen mit Professionellen sei hilfreich.

»Sich selber eingestehen, dass ich als Mann auch mal schwach sein darf. Ich bin als Mann, als Vater nicht immer derjenige, der allein dafür verantwortlich ist, den ›Laden zusammenzuhalten‹.« Man denke sich vielleicht manchmal, wenn man selbst Schwäche zeige, breche der ganze Laden über einem zusammen. Aber das sei ja nicht wirklich so!

»In der Partnerschaft hat mir das gutgetan, dass ich mich auch von einer (meiner) schwachen Seite zeigen konnte.« Das sei ja auch eine dankbare Möglichkeit für die Partnerin, auch einmal ihre starke Seite zeigen zu können/zu dürfen, und umgekehrt auch.

Und es gehe darum, die vielfältigen Bedürfnisse, die entstehen, zu beachten, natürlich auch die eigenen. Er nennt ein Beispiel: »Sagen zu können: Das geht jetzt für mich gerade nicht! Man(n) muss das ja auch nicht immer begründen, warum nicht!«

Sechste Frage: Haben Sie spirituelle Begleitung in Anspruch genommen?

Herr S. hat von seiner Herkunft und Sozialisation ein christliches Selbstverständnis. Glaube ist ihm etwas Wichtiges. Befragt nach einem Sinn seiner Erfahrung durch den Tod der Tochter, antwortet er: »Diese Frage ist unauflöslich.«

Aber ihm war sehr schnell klar, dass er diese Erfahrung, dieses Schicksal nicht allein tragen kann. Er schildert: »Schon seit der Rückfalldiagnose habe ich den Kontakt zu einem Seelsorger gesucht, sowohl im persönlichen Gespräch als auch per E-Mail. Es tat gut zu spüren, dass jemand mit durch diese unfassbar schwere Zeit geht.«

Siebte Frage: Was sind Situationen, die Sie als schwer erlebt haben und immer noch als schwer erleben?

»Wenn man mit Menschen spricht, die einen nicht kennen, und es taucht die Frage auf: ›Wie viele Kinder hast du eigentlich?‹ Ich will nicht jedem sofort (m)eine Geschichte erzählen müssen.« Er müsse sich immer entscheiden zu sagen: »Ich habe zwei« oder »Ich habe drei Kinder«. Inzwischen nehme man die Familie ja als eine mit zwei Kindern wahr.

2.4 Tod des Vaters durch Schienensuizid – ein Interview mit dem trauernden Sohn (Peter Kaiser, Pseudonym)

Peter Kaiser (Pseudonym), Jahrgang 1960, ist zehn Jahre alt, als sein Vater sich das Leben nimmt. Fünf Jahre später stirbt auch die Mutter nach einer Krebserkrankung. In der Familie, die nun für ihn sorgt, fehlen ihm männliche Bezugspersonen. Wie er erst nach vielen Jahren zu seiner eigenen Trauer und damit auch zu sich selbst findet, erzählt er in seinem Bericht.

Zur Vorgeschichte: Mein Vater war noch als junger Mann im Krieg und hat dort viele Dinge erlebt, von denen ich nicht weiß und die ich nur erahne. Mein Vater war sehr verschlossen und konnte keine Gefühle zeigen, sodass das Verhältnis zu ihm eher etwas Fremdes für mich war, und das auch schon als Kind. Eine direkte Verbindung hatten wir nicht. Ich habe wohl einige gute Erinnerungen, die habe ich auch als Erinnerungen verpackt und die haben mir gutgetan. Die Verbindung zu meinem Vater war also nicht sehr eng, ich hatte eher eine emotionale Verbindung zu meiner Mutter.

Ich bin irgendwann als »kleiner Prinz« geboren worden in meine Familie hinein. Der lang ersehnte Kinderwunsch wurde erfüllt, und dann war ich da und habe auch alles bekommen, was ich wollte – der kleine Prinz halt. Als ich dann zehn Jahre alt war, hat mein Vater sich suizidiert, Schienensuizid begangen, direkt hinter unserem Grundstück, quasi in unserem Garten. Dort ist eine Hauptverkehrsstrecke und dort ist es dann geschehen. Ich habe halt auch seine Krankheiten noch im Blick – Herzbeschwerden, Depressionen, alles Mögliche. Und einige Geschichten, an die ich mich gut erinnere. Ganz präsent ist für mich auch noch dieser Tag, an dem er sich suizidiert hat. Ich saß im Wohnzimmer vor dem Fernseher und guckte eine damals bekannte TV-Serie (»Percy Stuart«). Das war damals etwas ganz Tolles. Die Folge hieß »Drei schwarze Tulpen«. Diese Sendung lief, als mein Vater sich suizidiert hat. Es war dann ganz viel Aufregung bei uns im Haus, ich habe davon aber nicht viel mitbekommen. Meine Mutter sagte mir nur, dass mein Vater gestorben sei, und über den Hintergrund, was passiert ist und wie das passiert ist, hatte ich keine Informationen. Ich wusste nur, dass er angeblich zusammengebrochen war, einen Herzanfall hatte und unter Umständen dabei auf die Schienen gekommen war.

Das war das, was mir damals gesagt wurde. Vermutlich sollte ich geschützt werden dadurch, dass ich nicht mehr Informationen bekomme. Und es hat auch niemals jemand aus meiner Familie ausgesprochen, wie und auf welche Weise mein Vater gestorben ist. So, dass das alles immer nur in meiner Fantasie stattfand, dass ich mir also vorgestellt habe, wie er gestorben ist.

Eine schmerzhafte Begegnung war für mich dann auch, dass ich als Zehnjähriger entlang der Bahnstrecke Fahrrad gefahren bin und mir Kinder zugerufen haben: »Suchst du den Kopf deines Vaters?« Das hat mich sehr wütend und traurig gemacht. Trotzdem war es immer noch nicht möglich, meine Mutter anzusprechen und zu fragen: »Was ist da eigentlich passiert?« Ich habe es einfach für mich behalten und ich konnte mit keinem darüber sprechen. Es gab keine Kontaktperson, mit der das möglich gewesen wäre.

Damals war meine Mutter schon seit einigen Jahren krebskrank. Und ich hatte immer das Bedürfnis, sie nicht zu belasten. Sie darauf anzusprechen wäre mit Sicherheit eine Belastung gewesen, auch im Nachhinein. Und dadurch, dass ich nicht wusste, wie mein Vater ums Leben gekommen ist, habe ich mir zu Weihnachten unbedacht eine Lego-Eisenbahn gewünscht. Diesen Wunsch hat mir meine Mutter dann nicht erfüllt, sie konnte es nicht. Heute verstehe ich das, aber damals verstand ich nicht, aus welchem Grund ihr das nicht möglich war.

Ja, aber das lief dann so ab, dass ich überhaupt nicht darüber gesprochen habe bzw. darüber sprechen konnte. Trauer direkt konnte ich damals überhaupt nicht erfahren bzw. spüren.

Und dann – in einem weiteren Schritt – habe ich mich gespürt: Ja, mein Vater war nicht mehr da. Meine Mutter hat sich damals, so weit es ihr noch möglich war, um mich gekümmert. Und irgendwann änderte sich das, sodass ich mich um meine Mutter gekümmert und vieles für sie erledigt habe. Damals war ich so elf, zwölf Jahre alt. Meine Mutter starb dann an ihrer Krebserkrankung, als ich 15 Jahre alt war (fünf Jahre nach dem Tod meines Vaters). Bis dahin war ich gesteuert durch einen Glaubenssatz, den ich selbst irgendwie zu einem negativen und zugleich positiven Glaubenssatz gemacht habe. Sie sagte immer zu mir: »Du bist mein lieber Junge!« Und das war tatsächlich sowohl positiv für mich wie auch negativ. Denn ich musste immer alles erfüllen, damit ich der »liebe Junge« blieb, und habe nie bzw. selten authentisch und meinen inneren Bedürfnissen folgend gehandelt. Mein Handeln war immer auch bedingt durch meine Rolle als lieber Junge.

Später habe ich auch gekocht für meine Mutter und vieles mehr für sie getan. In unserer Wohnung haben wir zu zweit gelebt. Und als sie dann starb, war ihr Krankheitszustand schon so weit fortgeschritten, dass ich mir sogar mitunter gewünscht habe, dass sie sterben möge, damit sie nur erlöst wird von dieser Qual.

Und ich erinnere mich auch noch gut an den Tag, an dem sie dann gestorben ist. Ich hatte so das Gefühl, dass es mit ihr ganz schlimm ist und dass sie Schmerzen hat und mich durch die Medikamente nicht mehr wahrgenommen hat. Sie hat Morphium bekommen, und das war nicht mehr sie.

Am Tag, als sie gestorben ist, habe ich dagesessen und gewünscht und gebetet, dass sie stirbt. Und eine viertel Stunde später kam der Anruf vom Krankenhaus mit der Nachricht, dass sie gestorben sei. Das hat im Nachhinein auch noch ein bisschen Schuldgefühle bei mir ausgelöst. Schuld, dass ich darum gebetet habe, dass sie stirbt. Das hat mich dann aber später nicht mehr belastet. Aber diese Gedanken kamen dann irgendwann auf. Und dann war ich ein Vollwaise.

Liebe Verwandte (Tante und Onkel) sind zu mir gezogen in meine Wohnung. Und da bin ich dann halt weiter aufgewachsen. Ich hatte vor allem zu meiner Tante eine sehr intensive Bindung. Meine Tante und mein Onkel hatten drei erwachsene Töchter, die wie Schwestern für mich waren. Und so bin ich in einen Haushalt »geraten«, der im Grunde ohne Männer war, denn zu meinem

Onkel gab es keine so intensive Bindung. »Allein unter Frauen.« Und das hat sicher auch meinen männlichen Trauerweg irgendwie belastet. Ich hatte kein männliches Vorbild für Trauer. Wie gehe ich mit Trauer um? Ich hatte aber auch kein weibliches Vorbild, denn die Trauer wurde irgendwie abgespalten. Immer noch dieser Schutz! Um mich zu schützen, war Trauer kein Thema.

Ich war traurig, dass mein Vater nicht mehr da war. Ich war traurig, dass meine Mutter gestorben ist, aber auch froh, dass sie diese Schmerzen nicht mehr haben musste. Und nach ganz vielen Jahren habe ich erkannt, dass ich diese Situation sogar genossen habe, als meine Mutter gestorben war: Ich war auf einmal Vollwaise und wurde beachtet. Ich habe bis zum Tod meiner Mutter immer so eine Außenseiterkindheit erlebt. Mit Schulkollegen und anderen Kindern war ich wenig zusammen und wurde auch nicht mit einbezogen in Verabredungen. Und auf einmal war ich Vollwaise und man hat mich gesehen. Und im Nachhinein tat mir das weh, dass ich nicht die Trauer spüren konnte, sondern aus der Situation etwas anderes gezogen habe, einen positiven Effekt für mich gesehen habe. Und ich wurde gesehen. Das Gefühl habe ich 15 Jahre nicht gehabt, obwohl ich in der Familie gesehen wurde. Meine Familie hat wirklich alles für mich gemacht, aber von Freunden und Mitschüler*innen wurde ich nicht gesehen.

Aber auch zu diesem Zeitpunkt war meine Trauer noch nicht spürbar da.

Dann bin ich aus der »Frauenwelt« (Frauenhaushalt) wenig später in eine Berufsausbildung gekommen. Und auf einmal war das meine Ersatzfamilie. Dort konnte ich ganz neu beginnen, konnte Kontakt auch zu Männern haben. Da waren ja ganz viele Männer in der Berufswelt, sodass da die Männerrolle auch erfüllt wurde und ich auch Vorbilder hatte und ich sehen konnte, wie man das Leben als Mann gestalten kann, dadurch, dass es mir jemand vorgelebt hat.

Ursprünglich wollte ich Erzieher werden, aber mein damaliger Vormund meinte, ich sollte erst einmal etwas Vernünftiges lernen, und so bin ich – nicht einmal ein Jahr nach dem Tod meiner Mutter – in diese Ausbildung gekommen als Groß- und Einzelhandelskaufmann. Und das war dann meine Wunschfamilie und meine Ersatzfamilie, die mittlerweile auch schon 45 Jahre besteht, aber inzwischen auch auseinanderbröckelt.

Zwischenzeitlich habe ich dann selbst geheiratet und eine eigene Familie gegründet mit zwei wundervollen Kindern und inzwischen auch zwei Enkelkindern. Das ist einfach sehr, sehr schön! Da konnte ich auch die männliche Rolle übernehmen. Ich hatte halt wenig Vorbilder, also musste ich mir das selber gestalten bzw. das, was ich mir aus meiner Ersatzfamilie gezogen habe.

Es war aber auch so, dass ich in dieser Ersatzfamilie gut dastehen wollte und immer das Feld bedient habe. Da habe ich wenig auf mich geachtet. Die Trauer war immer noch nicht richtig da, und ich habe nie so richtig darüber sprechen können. Da waren Rituale, so einmal jährlich zu Allerheiligen zum Friedhof zu gehen. Den Friedhof habe ich auch gepflegt. Ich hatte auch eine Beziehung zu den Grabstätten und dadurch auch zu meinen Verstorbenen. Aber richtig trauern konnte ich nicht. Aber das fehlte mir zu dem Zeitpunkt auch nicht, ich habe es irgendwie nicht vermisst. Es gab Gedenktage (Geburtstage meiner Eltern, Todestage oder halt Weihnachten), das waren Punkte, da wurde ich daran erinnert. Aber trotzdem war es noch keine Trauer.

Die kam erst, als ich das Alter erreichte, in dem mein Vater sich suizidiert hat. Mein Vater war damals 46 Jahre alt. Als ich selbst 46 Jahre alt wurde, hatte ich das Gefühl, ich muss jetzt bis zu dem Datum alles ins Reine bringen, was vielleicht noch nicht geklärt ist und was ich noch besprechen möchte. Ich habe akribisch Kalender geführt, wie viele Tage mir noch zur Verfügung stehen, bis ich selbst 46 Jahre alt bin. Es gab keinen eigenen Gedanken an Suizid, sondern einfach den konkreten Zeitpunkt, zu dem ich vieles geregelt haben wollte. Das habe ich auch versucht, bin aber in dieser Zeit auch in eine Depression hineingefallen und habe mir dann bei einer befreundeten Trauerbegleiterin Hilfe gesucht. Und da wurde ich erst auf meine eigene Trauer aufmerksam. Dafür bin ich wirklich dankbar. Es hat lange Zeit gebraucht, bis ich meine Trauer zugelassen habe und auch gespürt habe. Das war damals eine sehr intensive Begleitung, die ich da erfahren habe und erfahren durfte. Ich konnte dann schon mal etwas loslassen von dem, was mich belastet hat. Dinge, die mir gefehlt haben, habe ich da in Worte bringen können und auch aufgeschrieben. Diese niedergeschriebenen Gedanken habe ich später dann in einem Feuerritual verbrannt (Umwandlung als äußeres Zeichen). Die Asche habe ich dann auf den Friedhof getragen und dort vergraben. Das war damals so der Beginn meines eigentlichen Trauerprozesses. Von da an habe ich oft auf meine Trauer geschaut und sie auch bewusst gespürt.

Viele Jahre später habe ich mich dann entschieden, eine Fortbildung zum Sterbebegleiter zu machen. Weil ich für Menschen da sein wollte, die diesen Weg gehen, diesen letzten Weg. Ich wollte einfach gerne an ihrer Seite sein, weil ich gemerkt habe, dass sowohl mein Vater niemand an seiner Seite hatte und meine Mutter auch nicht richtig. Es gab zwar für sie eine Begleitung im Krankenhaus, aber nicht die Sterbebegleitung, die ich mir selbst wünschen würde. Und das war auch noch mal in meinem Trauerprozess ein ganz wichtiger Schritt.

Dann folgte nach einigen Jahren Sterbebegleitung in einem ambulanten Hospizdienst die Fortbildung zum Trauerbegleiter. In dieser Fortbildung spielt natürlich die eigene Trauerbiografie eine ganz große und wichtige Rolle. Auch das war ein ganz wichtiger Prozess für mich, dass ich meine eigene Trauer angeschaut habe und noch einmal intensiv gespürt habe.

Ich konnte meine Gefühle sehen und sie vor allem spüren und alles, was ich all die Jahre erlebt habe. Das kam dann sehr geballt. Ich war aber gut aufgehoben in dieser Fortbildung und habe gemerkt, dass dies zu meinem Trauerweg auch noch gehört. Das war jetzt nicht so, dass die Trauer mich belastet hat, sondern ich habe sie gesehen und sie durfte da sein. Ich habe sie nicht mehr abgespalten. Sie war auf einmal da und ich konnte mit ihr leben. Es war nicht mehr die Trauer, die mich runterzieht, die so schmerzhaft war. Aber es war eine Trauer als Liebesbeweis an meine Verstorbenen, an meine Mutter, an meinen Vater. Es war eine ganz innige Verbindung zu den Verstorbenen und auch Menschen, die danach verstorben sind, auch zu meiner Tante, die sich um mich gekümmert hat, und zu anderen Menschen. Ich konnte eine positive Verbindung zu ganz vielen Menschen fühlen, dadurch, dass ich mir das angeschaut habe.

Das war so wichtig für mich, dass ich nach dieser Fortbildung auch noch die »Große Basisqualifikation Trauerbegleitung« absolviert habe, die für mich bahnbrechend war. Bahnbrechend deswegen, weil ich da auch gesehen habe, wie wichtig Trauer ist, wie wichtig auch der Raum für Trauer ist. Wie wichtig es ist, die Trauer in Worte fassen zu können, die ich aussprechen kann und darf und die ein anderer hört und versteht. Dadurch ist eine Weitung des Herzens erfolgt. Es ist eine Herzensangelegenheit für mich geworden. Ich konnte mich tatsächlich besser spüren. Vorher war das irgendwie verschlossen, und dann öffnete sich das, manchmal nur einen Spalt breit. Aber es kam schon mal ein bisschen Licht hinein.

Das hat sich dann immer mehr gewandelt und eine Offenheit ist entstanden. Das hat mich auch dazu gebracht, dass ich jetzt Trauerbegleiter bin und Menschen in ihrer Trauer begleite. Dabei lerne ich selbst immer noch auch von den Trauernden, die ich begleite. Und ich bin so dankbar und auch beeindruckt, wenn ich sehe, wie individuell die einzelnen Trauerprozesse sind, quasi wie ein persönlicher Fingerabdruck.

Auch habe ich einen Blick darauf bekommen, wie andere Menschen in meiner Familie getrauert haben, um meinen Vater und um meine Mutter, und wie viel Schutz da war durch das Schweigen, weil sie Trauer einfach nicht zulassen konnten. Heute bin ich der Überzeugung, dass mein eigener Schutz damals mein Leben auch gesichert hat, weil ich es mir damals nicht anschauen konnte. Dankbar bin ich aber, dass ich dann irgendwann die Möglichkeit hatte, mich all dem zu stellen und es mir liebevoll anzuschauen.

Ich bin der festen Überzeugung, dass Trauer immer bleibt, sich aber verändert, bis schließlich vor allem die Bindung zu verstorbenen Menschen existiert und gespürt werden kann. Ich habe meine Eltern ja nicht lange erleben dürfen, aber die Verbindung ist da.

Ich selbst hatte irgendwann ein Bild, dass ich im Verlauf meines Trauerprozesses meine eigene Trauer zu Grabe getragen habe, doch das deckt sich ja nicht mit meiner Aussage, dass die Trauer bleibt. Allerdings habe ich Schritt für Schritt diese schmerzhafte Trauer zu Grabe getragen, sodass diese nicht mehr da war. Es war kein Schmerz mehr da, nur noch Freude, selbst, wenn das in diesem Zusammenhang ein komisches Wort ist. Für mich selbst habe ich das so definiert:

Keine Sonnenaufgangsfreude, die etwas Neues bringt.
Keine Sonnenuntergangsfreude, die etwas abschließt.
Sondern einfach eine Freude, die jetzt gerade präsent ist,
ohne Zukunft, ohne Vergangenheit, einfach nur jetzt.

Mein zentrales Symbol für Trauer ist das Herz, das zunächst verschlossen war und das sich dann geöffnet hat. Und das sich manchmal auch heute noch schließt (als Schutz) und sich wieder öffnet. Das ist ein Symbol für meinen persönlichen Trauerweg. Dieses offene Herz gibt mir die Möglichkeit, liebevoll auch auf mich selber zu schauen und nicht alles zu verdrängen.

Ich erinnere einen Teil aus meiner Trauerbegleiterfortbildung. Ich musste mein eigenes Trauermärchen schreiben, und das war nicht leicht für mich. Aber die Essenz aus meinem eigenen Märchen war, dass ich immer wieder aufs Neue meine Gefühle und meine Emotionen vergraben habe und sie nicht sehen wollte, weil es so geschmerzt hat. Aber dadurch, dass ich das alles vergraben habe und mir nicht angeschaut habe, entstand nichts Neues. Oder es entstand Neues, und das brach aber alles wieder zusammen und ich musste immer wieder neu anfangen, bis ich dann irgendwann gelernt habe, das zu integrieren, einfach zu sehen und mir das alles anzuschauen. Und auch negative Erfahrungen »in den Arm zu nehmen« und zu sagen: Ja, das gehört auch zu mir und das bin ich und das macht mich aus.

Und dadurch ist mein Leben auch gezeichnet worden, dass ich viel Empathie empfinden kann, dass ich kreativ bin, dass ich gerne mit Menschen arbeite und gerne individuell mit Menschen zusammen bin. Und den Menschen, denen ich begegne, auch offen begegne und meine Achtung vor ihnen habe, Achtung vor dem ganzen Leben. Aber es ist zunächst ein großes Problem gewesen, damit umzugehen, weil ich ja überhaupt kein Vorbild hatte. Ich hatte also – wie geschildert – kein männliches Vorbild, also wie Männer mit Trauer umgehen, und im Berufsleben dann auch nicht, das war dort auch kein Thema. Deshalb bin ich so dankbar, dass ich diese Fortbildung machen durfte, und das erfüllt mich auch noch jetzt gerade beim Sprechen darüber.

Ich habe parallel zu dieser Fortbildung regelmäßig auch an einem Wochenende für trauernde Männer teilgenommen mit insgesamt fünf bis sechs Männern. Das war für mich ebenfalls eine intensive und wichtige Erfahrung. Es ist zuvor selten passiert, dass ich etwas mit Männern in einer Gruppe gemacht habe. In der Familie ja. Aber das ist noch einmal eine ganz tolle Erfahrung für mich gewesen und ein Beweis dafür, dass Trauer von Männern sich etwas anders gestaltet, wobei ich das gar nicht so auf das Männliche jetzt beziehe, denn Trauer ist wie ein Daumenabdruck, so individuell. Deshalb gibt es nicht die eine Trauer. Aber die Männer, auch in diesen Gruppen, haben nach meiner Erfahrung eine andere Herangehensweise an die Trauer. Für sie ist es oft ein sehr strukturierter Tagesablauf, der im Vordergrund steht und Halt bietet wie so ein Geländer, an dem man sich festhalten kann. Das merke ich heute auch bei männlichen Besuchern des Trauercafés, die halt tagsüber oft eine gute Struktur haben und sich daran festhalten können, aber abends dann entsprechend in ein tiefes Loch fallen. Oder auch gerade jetzt in der beginnenden dunklen Jahreszeit, da ist genau das immer wieder ein Thema. Tatsächlich ist es dann gut, eine Struktur zu haben. Aber es tut dann auch gut, sich mit dem Gefühl zu beschäftigen, wenn man eventuell wieder in dieses Loch fällt. Und einfach mal guckt: »Was hat dieses Loch an sich?« Und das sind Punkte, die in der Begleitung trauernder Männer häufiger vorkommen, dass diese Tagesstruktur Halt gibt, aber dass dann diese Löcher kommen und die Frage, wie sie zu füllen sind. Und vielleicht die Erkenntnis, sie gar nicht füllen zu müssen, sondern einfach zu gucken, was kommt da, was ist mit der Traurigkeit, was ist da auch an Bindung und Liebe zu dem oder der Verstorbenen? Die Löcher können auch auf eine Essenz hinweisen, dass da ganz viel Liebe ist und dass da auch ganz viel Trauer ist. Es geht dann aber darum, aus dieser Essenz das Loch zu füllen und nicht durch Aktivitäten oder gar durch Aktionismus. Das hätte etwas von Verdrängung, und Verdrängung von echten Gefühlen macht meiner Meinung nach krank – früher oder später. Da ist es besser, dieses Loch auch spüren zu wollen, aber das ist natürlich auch schwierig. Das ist ein Schmerz, den man erfahren muss, der aber in die Heilung geht.

Ich bin der Meinung, dass Männer nicht unbedingt anders trauern. Ich habe gespürt, dass die Gesellschaft das so macht, dass pauschalisiert wird, dass Männer diese Gefühle nicht zeigen können wie Frauen. Frauen zeigen vielleicht eher die Traurigkeit, bei Männern wird das so verdrängt, weil das eben noch mit der Erziehung zusammenhängt. Die Generation jetzt vor uns hat entsprechend durch die Kriegserfahrungen ganz viele Emotionen nicht zeigen können und war vielfach verschlossen, sodass diese Männer/Väter in diesem Punkt kein Vorbild für die heutigen Männer meiner Generation sein konnten. Dass, wie ich selbst ja auch, wir niemanden als gutes Vorbild hatten für den Ausdruck von Trauer, dies gilt für eine ganze Generation. Gleichzeitig erkenne ich, dass nachfolgende Generationen anders sind, sie haben eher wieder einen Zugang zur Emotionalität. Da hat sich das Bild von Männern auch gewandelt. Und da ist es eben nicht mehr so, dass der starke Mann da sein musste wie in vorangegangenen Generationen. »Ein Indianer kennt keinen Schmerz«, das ist ja so ein gängiger Spruch, leider zum Teil auch heute noch. Aber da wandelt sich schon etwas, da dürfen Männer auch schon mehr Emotionen zeigen, müssen aber dennoch oft gleichzeitig in ihrer Berufswelt auch wieder den harten Kerl spielen. Und da einen Weg zu finden, dass man die Gefühle, die man hat, dass man die auch ausdrücken und zeigen kann. Das ist die Schwierigkeit. Aber ich glaube und nehme wahr, dass nachfolgende Generationen da schon weniger Schwierigkeiten haben als meine Generation und Generationen davor. Sätze wie »Ein Indianer kennt keinen Schmerz« kenne ich auch. Allerdings eher als Trostspruch nach einer Verletzung nach einem Sturz. Um zu trösten, wurde mir das gesagt, um den Schmerz zu überspielen. Aber es sind immer noch Formulierungen, die heute an Jungen in Familien weitergegeben werden.

Gäbe es eine Botschaft an trauernde Männer, würde ich auf jeden Fall rüberbringen wollen, sich der Trauer zu stellen, sie zu sehen und sie zu spüren. Oft ist es ja sehr schwierig, das allein zu machen, weil wir ja keine männlichen Vorbilder haben. Es wäre sicher gut, wenn mehr trauernde Männer sich Hilfe holen. Ich kann mir nur meine Trauer angucken, und deshalb brauche ich jemanden an meiner Seite, der mit mir geht und mich begleitet, begleitet in meiner Trauer. Zumindest, davon bin ich überzeugt, kann das sehr hilfreich sein. Aber meine Trauer muss ich dennoch selbst spüren und selber wandeln und da möchte ich als Botschaft formulieren, sich einfach Hilfe zu holen. Und unter Umständen ist es leichter für Männer, sich in Männergruppen zu öffnen. Und es ist gut, dass es inzwischen da schon einige Angebote gibt. Gruppen für trauernde Männer sind oftmals auch schon etwas anders aufgezogen und gestaltet als mit dem obligatorischen Stuhlkreis. In solchen Gruppen kann man jemanden an seiner Seite haben oder auch mal nebeneinander hergehen. Man macht zum Beispiel eine Wanderung. Vielen Männern tut es offensichtlich auch gut, wenn in begleiteten Trauergruppen Körperarbeit mit einbezogen wird und das eigene Spüren mitzunehmen aus dieser Aktivität heraus. Meiner Meinung nach ist das tatsächlich eher möglich in einer Gruppe trauernder Männer. Auch in meiner Trauerbegleitungsfortbildung war der Kursleiter ein Mann, und das habe ich mir bewusst so gesucht und es tat gut.

Mich hat meine Trauer zu dem gemacht, der ich bin. Dafür bin ich sehr dankbar, dass ich das erfahren durfte. Und ich weiß, dass ich der, der ich heute bin, nur durch diesen Trauerweg geworden bin. Schon seit dem Tod meiner Eltern bis heute und es wandelt sich immer noch. Es wandelt sich alle paar Jahre mal wieder und es ist mir wichtig, mir auch einzugestehen, dass mein Trauerweg immer noch nicht abgeschlossen ist. Ja, es passiert heute noch, dass meine Trauer sich wandelt.

Ich habe ganz lange im Zusammenhang mit dem Suizid meines Vaters gedacht, ihm zu vergeben. Mittlerweile bin ich so weit zu sagen: Es geht nicht ums Vergeben. Vergeben tut eine höhere Stelle. Das bin ich nicht. Meine Akzeptanz ist gewachsen und ich habe Versöhnung erfahren mit meinem Vater. Aber in diesem ganzen Versöhnungsprozess habe ich etwas ganz Wichtiges außer Acht gelassen. Es kam erst vor einigen Monaten, dass nicht nur mein Vater sich suizidiert hat und dadurch für mich nicht mehr da war (als Vater und als männliche Identifikationsfigur), sondern ich habe jetzt erst wirklich gemerkt, dass ich ja durch ihn da bin und dass da auf einmal eine ganz große Dankbarkeit ist, die ich vorher so nicht spüren konnte. Dass er mich ins Leben gebracht hat, sonst wäre ich nicht hier. Der Fokus war immer auf dieses Ereignis, auf diesen Suizid und auf meine Trauer und auf diese Versöhnung gerichtet. Und dieses Geschenk, dass ich heute hier bin, habe ich dadurch nicht gesehen, ich habe es übersehen.

Und dafür bin ich so dankbar, dass ich das jetzt nach so vielen Jahren begreifen durfte, begreifen darf. Das war und ist für mich noch einmal ein ganz tief berührendes Erlebnis.

2.5 Trauer um den Sohn, der an einer Drogenerkrankung verstarb – Beschreibung des Trauerwegs von Erhard Holze auf Basis eines Interviews

Im Gespräch erzählt Erhard Holze (kein Pseudonym), Vater von drei Söhnen, vom Leben seiner Familie mit dem Tod des ältesten Sohnes an einer Überdosis und wie er, seine Frau und die Söhne gelernt haben, offen damit umzugehen. Die Gründung einer Stiftung, die den Namen des Sohnes trägt, ist dabei ein wichtiges Element. Die Gespräche sind Grundlage des folgenden Berichts.

Erhard Holze ist Vater von drei Söhnen. Vater bleibt man ja, auch wenn ein Kind stirbt, so wie der älteste Sohn von Christiane und Erhard Holze. 2017, im Alter von 24 Jahren, ist Tilman Holze an einer Überdosis Fentanyl gestorben. Acht Jahre Drogenkonsum lagen hinter ihm. Er hat alles konsumiert, was es gibt, sagt der

Vater rückblickend. Gerade hatte er eine dreiwöchige Entgiftung hinter sich, wurde mit Ersatzmitteln substituiert und wohnte zu Hause. Verzweifelt hoffte er auf eine Therapiegruppe, um den Suchtdruck unter Kontrolle zu halten, aber zwischen einer Entgiftung und einer Anschlussheilbehandlung in einer Therapiegruppe müssen nach den Regeln drei suchtfreie Monate liegen. Das schaffte Tilman nicht. Nach der Absage ging Tilman auf sein Zimmer. Kurz darauf hörte sein Vater einen Aufprall. Erhard Holze findet seinen Sohn am Boden – bewusstlos. Tilman hatte eine Dosis des synthetischen Opioids zu sich genommen, die dem entsprach, was er vor der Entgiftung genommen hatte, aber jetzt war sie zu hoch. Die Eltern versuchten noch, den Sohn zu reanimieren, aber der Tod war nicht mehr aufzuhalten. Nach drei Tagen auf der Intensivstation starb Tilman.

Mit 16 Jahren hatte er mit Marihuana angefangen; Tilman rutsche tief in die Abhängigkeit von multiplen Suchtmitteln. »Acht Jahre gingen wir und unsere beiden anderen Söhne durch die Hölle«, sagt die Mutter, wenn sie heute darüber spricht. »Es war zu spät, bis Tilman selbst verstand, wie süchtig er ist.« Die ganze Familie, auch die beiden jüngeren Brüder, gingen mit Tilman durch die Hölle. Sie erzählen davon immer wieder, im Gespräch mit Journalist*innen und vor Schulklassen.

Mit der Beerdigung nahm eine lange Geschichte des Vermeidens, Beschönigens oder – wie Erhard und Christiane Holze heute sagen – des Lügens ihr Ende. Schon bei der Beerdigung fand der Ortspfarrer klare Worte. Die Danksagung der Familie für die große Anteilnahme enthielt einen klaren Hinweis, dass sie sich künftig für Therapiemöglichkeiten für drogenabhängige Jugendliche einsetzen wollen. Sie gründeten kurz nach dem Tod die Tilman-Holze-Stiftung zur Förderung von Drogenberatung, -prävention und -therapie.

Aber all das Engagement, all der positive Einsatz kann den Schmerz nicht beheben. Die Mutter trägt weiterhin Schwarz.

Erhard hat zwar die Trauerkleidung abgelegt und trägt wieder Alltagskleidung wie andere Männer auch, aber er fühlt den Sohn in seinem zerbrochenen Herzen und erleidet einen Herzinfarkt.

Als ich (T. R.) Erhard Holze frage, ob wir seine Geschichte in unserem Buch über die Trauer von Männern erzählen dürfen, schickt er mir Links zu Videos, Mediatheken und Podcasts, in denen er über die Stiftungsarbeit und den Tod seines Sohnes spricht. Ich stelle ihm Fragen zu dem, was mir auffällt: dass er in der Lage ist, ganz sachlich immer wieder die acht Jahre der Suchterkrankung zu schildern und detailliert vom Tod zu sprechen. Wie wichtig ist ihm das faktenbasierte Rekonstruieren, das genaue Erinnern jeder Kleinigkeit? Er antwortet: »Wenn man einen Menschen verliert, bei dem sich der Tod nicht relativ schnell oder plötzlich ereignet hat, sondern das Ende eines langen Prozesses darstellt, sei nicht allein der Tod selbst, sondern auch der vorangegangene Prozess ziemlich bedeutsam für die Trauer, ja sogar ein Teil der Trauer.« Dann denkt er nach und nimmt Bezug auf die Leidensgeschichte eines anderen Sohnes: »Dem Karfreitag war eine lange Passionsgeschichte vorausgegangen. Sie ist, im Rückblick und damit in der Trauer, eine Art Integral des Todes.«

Ich hake nach, ob sich durch das wiederholte Erzählen – immerhin geht Erhard Holze regelmäßig, oft zusammen mit seinem zweiten Sohn Titus, in Schulen und spricht vor Schüler*innen über Tilman, sein Leben mit und Sterben an Drogenmissbrauch – nicht so etwas wie eine Routine einstelle, sodass aus der Erzählung allmählich eine Repertoire-Erzählung werde. »Ja, an dem Aspekt der getesteten Repertoire-Erzählung ist auf jeden Fall für mich etwas dran.« Durch das wiederholte Erzählen werde das Erlebte einerseits rekapituliert, wohl auch reaktualisiert, also auch vergangener Schmerz wieder in die Gegenwart geholt. »Andererseits bilde ich und bildet sich für mich dadurch auch ein Narrativ, durch das ich mit dem Erlebten umgehen kann. Das Traurige und die Trauer verbleiben nicht in der völligen Ohnmacht, sondern bekommen dadurch eine sprachliche Gestalt.«

Erhard Holze und seine ganze Familie gehen offensiv mit dem Tod ihres Sohnes bzw. Bruders um, fassen immer wieder aufs Neue und für neue Menschen in Sprache, was geschehen ist. Jedes Mal müssen sie dabei mit den Fragen, vor allem aber mit der Erschütterung und den Emotionen ihrer Zuhörer*innen umgehen. Für die Eltern – die Mutter ist Seelsorgerin an einer Schule, der Vater ist Dozent an einer Universität – ist das nicht ganz neu, aber die Brüder Titus und Tobias gehen diesen Weg mit, geben Auskunft und erzählen aus ihrer Perspektive. Ich frage Erhard Holze, wie es ihm als Vater damit gehe, sich zugleich um die eigene Trauer zu sorgen und die Trauer der beiden jüngeren Söhne mit im Blick zu haben. Er wird sehr nachdenklich und antwortet schließlich: »Ich bin seit Tilmans Tod ein trauernder Vater, klar. Aber ich bleibe auch der Vater zweier lebender Söhne, darum bin ich nicht ausschließlich trauernder Vater. Somit ist die Rolle, die Lage durchaus differenziert. Aber eigentlich ist sie sogar noch komplexer, da Tobias und Titus Menschen sind, die ihrerseits trauern. Das wiederum bedeutet den Aspekt: Mein Leben als Vater trauernder Söhne.«

Es ist Erhard Holze anzumerken, dass er seine Trauer als Vater eng verbunden sieht mit seiner Rolle, mit einer Verantwortung, gemeinsam mit seiner Frau für seine Familie, für die beiden anderen Söhne da zu sein. Aber Verantwortung heißt auch, für das Vergangene, vielleicht auch für den Verlorenen noch immer Verantwortung zu übernehmen – keineswegs als moralische Kategorie oder im Sinne einer Verantwortlichkeit oder Schuld. Er übernimmt Verantwortung für junge Menschen, die er warnen will vor einem ähnlichen Weg. Die Gründung der Stiftung, die mit dem Namen des Sohnes verbunden ist, hält nicht nur das Gedenken an einen geliebten jungen Mann aufrecht, sondern schenkt ihm durch den Einsatz für eine bessere Gesetzgebung und Therapieversorgung sogar so etwas wie Zukunft, Perspektive. Erhard Holze formuliert das so: »Die traurige Vergangenheit wird behutsam in eine Gegenwart und Zukunft überführt, bei der vielleicht (hoffentlich) für den ein oder anderen Menschen die Hilfe und Rettung ermöglicht wird, die es für Tilman nicht gegeben hat.« Trauer gilt ja nicht nur dem Tod des Sohnes, sie bezieht sich auch auf lange Jahre der Sucht, die ja auch die gesamte Familie in Mitleidenschaft gezogen hat. Die Arbeit in der Stiftung ist ein Teil von Holzes Trauerarbeit, und es ist damit auch eine Herzenssache.

Im Unterschied zu der biblisch-neutestamentlichen Erzählung von dem Vater mehrerer Söhne, von denen einer verloren gewesen war, dann aber gesund und glücklich wieder ins Leben zurückfand (Lukas 15,11–32), hat der Vater Erhard Holze seinen Sohn nicht gesund zurückbekommen. Deshalb ist und bleibt er ein trauernder Vater. Obwohl er seinen Sohn verloren hat, bleibt er gleichwohl ein liebender Vater, der offen von den erlebten Wegen des Lebens und des Todes erzählt und sich durch die Stiftungsarbeit dafür einsetzt, dass Menschen aus den Irrwegen des Drogenkonsums herausfinden, besser noch: dass sie gar nicht erst hineingeraten.

Aber das alles geht ihm nicht leicht von der Hand. Es hat seinen Preis, ein krankes Herz. Nicht wenige trauernde Männer leiden an dem, was die Medizin inzwischen als »Broken-Heart-Syndrom« bezeichnet. Ein gebrochenes Herz, mit dem der Vater leben muss, aber eben auch kann.

Eine letzte Frage – nach den Auswirkungen des Todes von Tilman auf die Beziehung der Eltern – stelle ich ihm noch. Seine Antwort darauf fällt ganz kurz aus, aber sie zeigt, dass ein gebrochenes Herz heilen kann (wenn auch nicht ohne Narben): »Und Ihre dritte Frage macht mich selbst immer wieder staunen, ratlos und dankbar. Ich weiß nicht zu erklären, warum meine Frau und ich trotz unserer deutlichen Individualität und Eigenstimmigkeit ein stimmiges Paar geblieben sind.«

2.6 Trauer nach dem Tod des Lebenspartners – ein Selbstbericht (Traugott Roser)

Der Verlust des Lebens- oder Ehepartners ist ein lebensveränderndes Ereignis. Der Mitautor dieses Buches, Traugott Roser, hat in einem Tagebuch seine Erfahrungen als Witwer aufgezeichnet. Sie sind die Grundlage dieses Berichts.

Mein Mann Jürgen ist gestorben. Im November 2007 erlag er einem Darmtumor. Zwei Jahre Krankheitsgeschichte lagen hinter ihm, als er im Alter von nur 46 Jahren die Augen für immer schloss. 14 Jahre, ein Monat und 14 Tage gemeinsamen Lebenswegs lagen da hinter uns beiden.

Nachdem die Trauerfeier vorüber war, die Rechnungen beglichen und die anstrengenden Behördengänge erledigt waren, nahm ich mir drei Wochen Auszeit. Ich reiste an einen Ort in schöner Natur mit Wanderwegen und mietete mir ein kleines Ein-Zimmer-Ferienappartement.

Die Erinnerungen an die zwei Jahre, die von der Krankheit und von den Behandlungen bestimmt waren, drängten sich beständig nach vorn, dominierten anfangs die Trauer. Es sind einzelne Momente, die sich eingeprägt haben und sich nicht verdrängen lassen. Etwa die Silvesternacht 2006/07. Es war einer der ganz wenigen Momente, in denen Jürgen zu weinen begann. Er lag neben mir im Bett und schluchzte, wortlos, am ganzen Körper zitternd. Ich hielt ihn in meinen Armen, wagte selbst nichts zu sagen. Wird es das letzte Mal sein, dass wir Silvester gemeinsam erleben? Es war eine düstere Ahnung, der ich selbst scheinbar ungerührt standhielt. Keine Träne floss aus meinen Augen, während er einen Heulkrampf bekam. Eine harte Gewissheit, denn er wird sterben müssen, und ich werde leben. Wie tief mag sein Schmerz gewesen sein? Ich weiß es nicht, ich konnte ihn nicht fragen, und er hätte es mir wahrscheinlich nicht sagen können.

Der Augenblick, als er knapp eineinhalb Jahre vorher mit dem abschließenden Ergebnis einer langen Reihe von Untersuchungen bei diversen Haus- und Facharztpraxen nach Hause kam, der eindeutigen Diagnose »Darmkrebs«, gehört auch zu diesen Momenten. Der traurigste eigentlich in der ganzen Geschichte. Von einem auf den nächsten Augenblick war das Leben ein anderes, seines und damit auch meines. Ab jetzt drehte sich fast alles um medizinische Termine, Operationen, Behandlungstermine, neuerliche Untersuchungen, Erholungsphasen.

Immerhin: Diese Zeit konnten wir noch gemeinsam verbringen. Es erfüllte mich immer wieder mit Gewissensbissen, dass ich ihn überleben würde. Aber das Gefühl, auch überleben zu können, verließ mich mit seinem Tod. Ich fühlte mich mit einem Mal um Jahre gealtert, deutlich älter als meine 42 Lebensjahre, entdeckte weiße Haare. Ich hatte das Gefühl, dass mir nicht nur die zwei Jahre der Krankheit die letzte Kraft geraubt hatten, sondern dass es nach seinem Tod keinen Grund zum Überleben mehr gab. Ich spürte einen Drang nach einer völligen Identifikation mit dem Partner: Sein erloschenes Leben ließ für die erste Zeit mein Leben körperlich und seelisch perspektivlos werden.

Das Gefühl der weichenden Lebensfreude führte zwar nicht zu ernsthaft suizidalen Gedanken, aber doch zu einer erhöhten Risikobereitschaft. Um dem familiären Trubel über Weihnachten und Neujahr zu entkommen, reiste ich für ein paar Tage nach Portugal. An einem Nachmittag besuchte ich den berüchtigten Boca do Inferno, den Höllenschlund. Dort stürmt der Atlantik mit brachialer Macht an die Steilküste, Wellen in der Höhe ausgewachsener Bauwerke brechen sich an den Klippen, die Wassermassen reißen alles, was im Weg stehen könnte, mit sich. Bei ruhiger See kann man die Klippen gefahrlos begehen. Ich wagte es und wunderte mich, weshalb ich der Einzige war, bis ein Brecher heranschwappte, der noch ziemlich sanft war.

Er erfasste mich bis ans Knie, ich hatte Mühe, mich an einem Felsvorsprung festzuhalten. Suizidpläne hatte ich nicht, aber es gab diesen Wunsch, mich einfach mit ins Grab zu stürzen und Ruhe zu haben.

Beherrschend in den Monaten des ersten Jahres war das Gefühl, dass nicht nur mein Herz oder meine Seele trauerten, sondern auch mein Körper. Trauer erlebte ich körperlich, weil mir der Körper fehlte, mit dem ich über eineinhalb Jahrzehnte so vertraut geworden war – selbst noch in den Jahren der krankheitsbedingten Veränderungen. Alle anderen Ebenen des Menschseins kann man besser kompensieren. Die Gespräche, die Gedankenwelt, die Musik. Diese Ebene nicht. Wenn ich abends im Bett die Hand ausstreckte, um nach seiner Hand zu tasten und sie beim Einschlafen zu halten, dann war da keine mehr. Wenn ich nachts erwachte, dann hing die Bettdecke schlaff an meinem Rücken herunter. Die tröstliche Präsenz des anderen Körpers, so nahe, war nicht mehr.

Trauer ist ein »stressful life event« habe ich in einem klugen Buch über Trauer von Kerstin Lammer (2014) gelesen. Das kann ich bestätigen. Zum Stress gehört auch, dass man in seiner sozialen Rolle ganz unsicher wird, in der Frage, wer man eigentlich ist – im Freundeskreis, in der Arbeitswelt oder auch nur in der Nachbarschaft. Bis zum Tod meines Mannes war meine Partnerschaft Teil meiner Identität. Das Ende der Partnerschaft stellte meine Identität infrage: Wer bin ich ohne ihn? Was bin ich ohne ihn? In den Jahren einer Beziehung entwickelt man sich immer auch entlang, manchmal entgegen, immer aber durch die Person des anderen. In den letzten Monaten war seine Krankheit zentral auch für meine Identität als sorgender und versorgender Partner. Und meine gesamte Umgebung nahm das so wahr und nahm Rücksicht, wenn ich den Arbeitsplatz wieder einmal früher verlassen musste: »Ich muss ihn aus der Klinik abholen« – Ich war der Mann eines Sterbenskranken.

Jetzt war ich plötzlich Witwer. Das begriff ich zum ersten Mal bei einem Termin bei der Rentenversicherungsbehörde. Ich musste dort Jürgens Papiere samt Sterbeurkunde vorbeibringen. Die Beraterin klärte mich darüber auf, dass mir nun offiziell die sogenannte »Kleine Witwenrente« zustehe. Die Zuschreibung des Witwerstatus stellte lapidar fest, dass unsere Lebenspartnerschaft Teil meiner Lebensgeschichte war und Bedeutung hatte für mein künftiges Sein in der Welt, sogar im Umgang mit Behörden.

Natürlich musste ich erst lernen, den Witwerstatus anzunehmen und mit ihm situativ angemessen umzugehen gegenüber anderen. Man spürt das Zurückzucken der Gesprächspartner, wenn man das anspricht. Man überlegt sich, wo man es im schriftlichen Lebenslauf unterbringt bei einem Bewerbungsschreiben.

Lange nach den Tagen meiner Auszeit stellte ich mir die Frage: Welche Zeit ist eigentlich schwerer? Die ersten Tage kurz nach dem Tod des Ehepartners oder die Zeit später? Ich habe in der Phase direkt nach Jürgens Tod erlebt, wie sehr unsere gesamte Umgebung Anteil nahm und Unterstützung gewährte. Die Freund*innen, Kolleg*innen, Bekannten und professionell Helfenden haben sofort und mit großer Umsicht reagiert. Viel Kraft wünschten viele, denn: »Jetzt kommt sicher ein tiefes Loch. Vor allem, wenn du wieder in eure Wohnung kommst.« Die Behördengänge verschlangen ganze vier Wochen und sie waren organisatorisch und intellektuell ungemein fordernd. Auch die von mir gewollte und bewusste Beantwortung der Trauerpost brauchte viel Zeit und Kraft. Danach nahm ich mir die Auszeit.

Nach meiner Rückkehr begann ein neues, gänzlich anderes Leben. Mir wurde diese Zeit aber schwerer als alles, was vorher gewesen war. Und das in einem kaum zu beschreibenden Maß. Erst in dieser Zeit stellte ich fest, wie gut es tat, wenn andere mir signalisierten, dass auch sie um meinen Mann trauerten, dass sie ihn nicht vergessen würden, sondern noch viel an ihn dachten. Aber es ist klar, dass fast alle in ihren eigenen Alltag zurückkehrten. Ich musste mir erst langsam einen neuen Alltag schaffen, musste auch in meine Arbeit zurückkehren und meine Aufgaben übernehmen, die die Kolleg*innen bereitwillig übernommen hatten.

Nun empfand ich erstmals das körperliche und kommunikative Schweigen um mich, wenn ich heimkehren wollte zu »uns«. Nun begann er mir wirklich zu fehlen als mein Partner fürs Leben. Ich wusste damit nicht wirklich umzugehen und suchte mir Beistand, Trauerberatung und -begleitung. Das tat gut.

2.7 Männertrauer nach einer Scheidung – ein Selbstbericht im Gespräch (Bertram Walter, Pseudonym)

Wenige Wochen nach Erscheinen meines (T. R.) Buches »Sexualität in Zeiten der Trauer« (2014) erreichte mich der Brief eines Lesers. Er habe gehofft, in dem Band auch etwas über die Situation von Trauernden nach einer Scheidung zu finden. Was geschieht mit den Bedürfnissen nach Nähe und Intimität, nach einer für beide Seiten stimmigen Sexualität? Wie wird es möglich, die bedrückenden Gefühle von Scheitern und Verlust nicht wegzustecken und die vielfältigen damit verbundenen Traurigkeiten, Verletzungen und Sehnsüchte wahrzunehmen und sich ihnen zu stellen? Ich kontaktierte den freundlichen Schreiber Bertram Walter (Pseudonym), der nach zwei Scheidungen wieder neu verheiratet ist und sich mittlerweile im Ruhestand befindet: Ob er mir von seiner Geschichte erzählen würde? Es ergab sich eine Kommunikation mit Zoom-Gesprächen, schriftlich beantworteten Fragen und Entwürfen von zusammenfassenden Texten.

Flucht vor dem Trauern – sich dem Trauern stellen.
Und: Trauern braucht Zeit
Bertram erlebte zwei Scheidungen. Nach der Scheidung von der ersten Frau Amelie (sämtliche Namen sind Pseudonyme) flüchtete er, wie er es nennt, gleich in eine neue Beziehung mit Petra. Erst im Nachhinein realisierte er, dass er damit der Trauer um die erste Ehe ausgewichen war und sich der ungeschönten Konfrontation mit dem, was die Ehe hatte scheitern lassen, nicht gestellt und sich der Trauer um Versagen und Verlust entzogen hatte. Indem er sich von der ersten Ehe gleich in eine zweite »hineinstürzte«, sollte Scheitern und Verlust gleichsam ungeschehen gemacht werden.

Als er nach der Scheidung von Petra wieder nach demselben Muster vorgehen und möglichst schnell die neue Beziehung mit Astrid eingehen wollte, bremste ihn Astrid aus: Sie gab ihm gleich zu verstehen, dass sie die ausgebliebene Trauerarbeit nicht für ihn übernehmen werde und er sich ihr zuerst einmal selbst stellen solle. Astrid wollte seine Frau sein und nicht die beiden Vorgängerinnen beständig »mit am Tisch und im Bett haben«. Daraufhin begann für Bertram eine intensive Gesprächstherapie bei einer Psychotherapeutin. »Ich wollte die Scheidungen nicht mehr ignorieren und unmittelbar in eine dritte Beziehung hineinspringen, die dann den Schmerz der beiden Scheidungen sedieren sollte.«

Es wurde ihm dadurch möglich, unterschiedliche Trauerwege unter die Füße und Erfahrungen ernst zu nehmen, die er hatte ungeschehen machen wollen. Er wollte Auseinandersetzungen wagen, vor denen er geflüchtet war. Astrid war ihm in dieser Auseinandersetzung ein offenes und kritisches Gegenüber.

Wichtig wurden auch neue Männerfreundschaften, die ihn darin bestärkten, schmerzliche Erfahrungen, langwierige Herausforderungen und steinige Wege nicht mehr zu scheuen. Von großer und nachhaltiger Bedeutung wurde auch die harte Konfrontation mit dem Tod einer für Bertram sehr wichtigen Bezugsperson. Bertram erfuhr, dass (geschützte) Trauerzeiten kostbare Zeiten werden können.

Lähmende Zeiten des Nichttrauerns

Amelie, Bertrams erste Frau, litt unter starken Depressionen. Bertram war es schwergefallen, mit der Krankheit gut umzugehen. Dies auch deshalb, weil er sehr hohe Ansprüche an sich stellte und dann sein Engagement oft stark abwertete. Auch Gespräche mit dem Psychiater, bei dem Amelie über lange Zeit in Therapie war, führten nicht dazu, dass er realistischer einschätzen konnte, was seine Möglichkeiten und seine (Teil-)Verantwortung in der Beziehung sein könnten.

Die Selbstüberforderung blockierte ihn. Wenn er andernorts nach Bestätigung suchte, auch in Nebenbeziehungen, lenkte er von der Herausforderung ab, nicht einem Ideal nachzutrauern, sich vielmehr den anstehenden schwierigen Aufgaben zu stellen. Es gelang nicht, die eigenen Selbstzweifel und Selbstabwertungen in Nebenbeziehungen zu überspielen und zu betäuben.

Vielmehr verstärkten diese Fluchten die Weigerung, seine Situation differenziert und sorgfältig wahrzunehmen. So war er auch nicht imstande, seine andauernde Selbstüberforderung durch die 100-(oder 120-)Prozent-Anstellung wahrzunehmen, oft gleichzeitig mit dem erheblichen Pensum der Kinderbetreuung und der Begleitung seiner kranken Frau. Alternativen zu dieser Überforderung blieben außerhalb seines Gesichtsfeldes.

So blieb das Scheitern der ersten Ehe belastet mit (verdeckter) Selbstabwertung, mit Belastungen durch juristische Mühseligkeiten, vor allem wegen der konkreten Ausgestaltung des Sorgerechts und finanziellen Auseinandersetzungen. Es waren weitgehend Zeiten des Nicht-trauern-Könnens und -Wollens. Der Ausschluss des Trauerns kontaminierte auch den Beginn der Beziehung zu Petra.

Im Nachhinein erst, nach dem Scheitern auch der zweiten Ehe, wurde es Bertram bewusst, wie lähmend diese Zeiten des Nicht-trauern-Könnens und -Wollens gewesen waren. Er wünschte sich, dass er der Trauer um die zerbrochenen Ehen und Familien Raum und Zeit und Intensität der Wahrnehmung geschenkt hätte – so differenziert, achtsam, unbeschönigend und konfliktfähig, wie es ihm später allmählich möglich wurde.

*Trauern: Offener und aufrichtiger werden
zu sich selbst, zur neuen Partnerin, zu den Kindern
aus der gescheiterten Ehe*

Aus der ersten Ehe hatte Bertram zwei Kinder, die oft an Wochenenden bei ihm waren, was das Entstehen der neuen Partnerbeziehung immer wieder mit der früheren konfrontierte. Die ungeschönten Fragen der älter werdenden Kinder und der damit gegebene Versuch, eine neue Beziehung zu ihrem Vater aufzubauen, waren ein wichtiger Faktor, dass Bertram sich auf den therapeutischen Weg einließ und sich in wöchentlichem Rhythmus zu den Sitzungen einfand, in denen er sich der Trauer um das Scheitern der beiden Ehen, den Gefühlen von Versagen und Ohnmacht, den Fluchten und verpassten Herausforderungen zu stellen versuchte. Das brachte Veränderungen in seinem Selbstbild (auch als Vater) mit sich, die Bereitschaft, die Trauer der Kinder um Verlorenes und ihre Enttäuschung wahrzunehmen und sich, auf gleicher Augenhöhe mit den Kindern, nicht mehr herauszureden. Bertram sah auch klarer, wo er in den gescheiterten Beziehungen der eigenen Verantwortung und den anstehenden Konflikten ausgewichen war.

*Trauern als wichtiger Zugang zu den eigenen,
widersprüchlichen Gefühlswelten*

Allmählich wurde Bertram bewusst, dass Panzerungen zerbrochen waren und seine Gefühlswelt völlig durcheinandergeraten war. Beherrschend waren zuerst ein Gefühl des Versagens und die Angst, gar nicht beziehungsfähig zu sein. Aber auch Aggression und Wut. Vor allem Wut, dass die beiden Ex-Frauen die Fehler vor allem bei ihm gesucht und ihm vorgeworfen hatten. Er erinnerte sich, dass er nicht einfach nur geflüchtet war. Er hatte sich manchmal auch stellen wollen und gerade dann, wenn er sie wirklich als Gegenüber verstehen wollte, hatte er erlebt, dass die Partnerinnen auswichen und ihm nicht konkret sagen wollten, was ihnen bei ihm oder worin er gefehlt hatte. Das hatte ihn in einen Zustand der Verzweiflung gestürzt: Es wurde für ihn noch schwieriger zu verstehen, was tatsächlich *seine* Verantwortung war, und was wirklich an *ihm* lag.

Er hatte bislang seine Gefühlspotenziale eher kümmerlich beachtet und sich gescheut, offen über das, was schmerzte (und das, was begeisterte!), zu sprechen. Auch fiel es ihm schwer, Konflikte anzusprechen und anzugehen.

Erfahrungen in einer langjährigen Intervisionsgruppe und auch mit Gestalttherapie hatten ihn offener werden lassen, auch den Gefühlen und Konflikten mehr Beachtung und Wertschätzung zu schenken; auch die Gesprächstherapie half ihm hier sehr.

Er entdeckte das Zwiegespräch, wie Michael Lukas Moeller es in »Die Wahrheit beginnt zu zweit« (2019) beschrieben hat: als ritualisiertes, sorgfältiges Zuhören und Selbst-Sprechen, im präzisen und überaus anspruchsvollen Selbst-Formulieren des Gehörten, im Durchstehen der Erfahrung von zähen Vorurteilen und Missverständnissen, bis die »Wahrheit zu zweit« allmählich entsteht. Bertram wandte das auch auf Gespräche mit sich selbst an: sorgfältig sich selbst zuhören; auf den eigenen Körper und seine Botschaften achten; die eigene Verletzlichkeit nicht einmauern müssen; und so mit eigenen Ängsten, Prägungen, Missverständnissen und fixen Ideen konfrontiert werden, ohne dabei untergehen zu müssen. Auch so wurde es möglich, den eigenen (meist unbewussten) Verhaltens-, Denk- und Gefühlsmustern näher zu kommen.

*Trauern öffnet gleichsam Erinnerungsräume,
die verschüttet waren*

Erst nach und nach ging Bertram auf, dass er früher manchmal intensiv getrauert hatte – das Trauern dann aber wieder wie verloren gegangen oder abgebrochen war. So tauchten, als er dem Trauern wieder Raum und Zeit schenkte, Erinnerungen an Sterben und Tod seiner eigenen Mutter und des Vaters auf. Er sah wieder Szenen vor sich aus den letzten Tagen seines plötzlich viel schwächer werdenden Vaters. Er hatte gemeint, diese Situation nicht wirklich ernst genommen zu haben, und dann sah er einen Brief, der diese fixe Idee widerlegte: Die Selbstvorwürfe trafen nicht zu. Auch aus den Tagen vor und nach dem Tod seiner Mutter wurden Erinnerungsbilder präsent, wie er und Astrid auf einem Spaziergang in der Nähe des Altersheims einen Blumenstrauß (wie seine Mutter es geliebt hatte) pflückten und ihn auf das Sterbebett legten.

Als sein Sohn ihm berichtete, dass seine Mutter, Bertrams erste Frau Amelie, in der Notfallstation liegt, fragte ihn Bertram, ob er ihn ins Krankenhaus begleiten dürfe. Sein Sohn war glücklich über diese Frage – und es wurden sehr dichte gemeinsame Momente am Sterbebett, ein miteinander geteiltes Trauern in dieser letzten Begegnung.

Bertram wurde schlagartig bewusst, dass er schmerzliche wie beglückende Erinnerungen weitgehend ausgesperrt, verdeckt oder verzeichnet hatte. Er spürte, dass er sich der Trauer zu stellen begonnen hatte und nun dafür offen geworden war, den abgebrochenen Gefühlen Raum zu geben. Ungelebtes konnte wieder spürbar und gelebt werden; die heftig widersprüchlichen Gefühle, die er über lange Zeit meinte ungeschehen machen zu können (oder zu sollen), begannen wieder Leben zu entfalten und waren in einer dichten Weise präsent: das immer wieder als eigene Unfähigkeit abqualifizierte Misslingen und langsame Ersticken der beiden Ehen, die bedrückend lange Scheidungszeit, der Verlust des gemeinsamen Lebens mit den Kindern. Und gleichzeitig Erinnerungen an die beglückenden ersten Zeiten, die Geburtsgeschichten der Kinder; auch manch andere schöne und gemeinsame Augenblicke, etwa wenn die ganze Familie im Garten spielte oder in Wäldern und Schluchten unterwegs war oder am Meer Ferien verbrachte. Bertram merkte, dass die Sterbende auch mit ihm glücklich gewesen war. Er kam sich nicht mehr nur als Versager vor – und diese Erinnerungen kann er sich bis heute bewahren.

Trauern nicht als Abbruch, sondern als Neugestaltung von Beziehungen

Als Bertram ein Buch in die Hände fiel, in dem es um die bleibende Beziehung zu den Toten geht, löste dies eine starke Veränderung in ihm aus. Er realisierte, dass mit dem Tod die Beziehung zu den Verstorbenen nicht abbrechen muss und Trauer – auch beim »Tod« von Beziehungen! – ebenso das Verlorene bewusst machen kann wie auch das bleibend Wertvolle. Und dass er sich erst dann von dem verabschieden kann, was er nicht aufbewahren möchte.

Bertram erlebte es als befreiend, dass das Ziel der so verstandenen Trauer nicht mehr darin liegt, die Beziehung zu den Toten abzuschließen und sie endgültig »loszulassen«. Die Beziehungen müssen nicht abbrechen, sie haben sich mit dem Tod verändert und werden sich weiter verändern; damit kann auch ein partielles »Loslassen« oder »Sichverabschieden« möglich werden.

Diese Veränderung kann auch darin bestehen, dass Kontakte, wie sie bisher bestanden, nicht mehr möglich sind. Gespräche finden nicht mehr wie bisher statt; aber deshalb müssen sie nicht verschwinden: Gespräche, wie sie nicht selten beim Grabbesuch oder in einem besonderen Raum stattfinden, müssen nicht als illusorisch oder krankhaft abgewertet werden. Bertram kann die Beziehung zu den Verstorbenen gezielt weiter pflegen, indem er an Orte geht, die mit ihnen in besonderer Verbindung stehen – und dabei sind es nicht nur die positiv besetzten Orte, sondern auch die schwierigen. Er will dort ganz bewusst dem Raum geben, was an Emotionen und Gedanken in ihm hochkommt. Und er hat ja auch nach den Scheidungen erlebt, dass sich Räume der Erinnerung erweitern, dass auch »gestorbene« Beziehungen nicht einfach verschwunden sind und er Erlebtes neu integrieren kann. Er weiß, dass das nicht die Unfähigkeit anzeigen muss, zu akzeptieren, was verloren gegangen ist, im Gegenteil: Er kann sich jetzt von dem verabschieden, was der Vergangenheit angehören soll, und ihm einen anderen Ort in seiner Lebensgeschichte zuweisen.

Bertram wertschätzt solche Entdeckungen. Dass es oft ambivalente Spannungsfelder sind, empfindet er heute als ein Kennzeichen ihres Wirklichkeitsgehalts. Dazu hat er eine Art »Trauer-Wörterbuch« für sich entwickelt, das nicht chronologisch vorgeht, sondern versucht, Trauererfahrungen aus der Perspektive von Wörtern und Wortverbindungen zu beschreiben, die sie kennzeichnen, charakterisieren, symbolisieren. Über hundert Einträge skizzieren vielfältige Bilder von sehr unterschiedlichen Trauerwegen.

Trauern als (Neu-)Entdecken von verdeckten Ressourcen

Wörter, Wortskizzen, poetische Texte, Reflexionen, Fiktionen, Imaginationen etc. spiegeln so etwas Wichtiges aus seiner Welt und gestalten Facetten seiner Ressourcen, die ihn nähren und ermutigen. So hilft ihm sein Trauer-Wörterbuch, in den manchmal chaotischen Anstürmen von Gefühlen, Gedanken, Fragen und Ohnmacht eine Ordnung zu »basteln«, wie er sagt.

Eine Ordnung, wie sie vielleicht erst ein Chaos möglich werden lässt: nicht in scheineindeutige Muster und Algorithmen gezwängt oder in Begriffe, die dafür genutzt werden, Dinge in ein Schema zu pressen und sie dann in Schubläden wegzuste-

cken. Er sucht nach Worten und lässt sich Wörter, Bilder und
Bewegungen einfallen, die das Erlebte möglichst nahe schildern,
vor Augen stellen und auch körperlich spürbar werden lassen –
eine Art imaginative, tentativ-suchende Sprache. Da purzeln
dann schon einmal Worte durcheinander, reihen sich aneinander, kommen ganz unkontrolliert und ermöglichen, wenn
er sie dann betrachtet, richtige Entdeckungen. Das, was er hier
entdeckt, nimmt er in die Zwiegespräche mit hinein, die er mit
sich selbst führt, aber auch mit denen, um die er trauert – und
mit den »verlorenen« Zeiten.

Trauern und »Gender«

Im Gespräch frage ich Bertram, ob es für ihn eine Rolle spiele,
sich in seiner Trauer nach den Scheidungen als Mann zu begreifen. Er zögert etwas, bevor er sich an eine Antwort herantastet.

Früher erschienen ihm Beziehungen zu Frauen, auch freundschaftliche Beziehungen, spannender und vielschichtiger zu sein.
Dies änderte sich mit der bewussten Aufmerksamkeit in Bezug
auf Klischees von »Männlichkeit« und »Weiblichkeit«.

Astrid, gendersensibel und -reflektiert, förderte einen Entwicklungsschub. Bertram wurde (gerade auch bei sich selbst)
bewusst, wie hartnäckig Genderprägungen durch Sozialisation und gesellschaftliche Konventionen am Werk sind. Deshalb ist ihm heute das Genderthema dann suspekt, wenn es
als Fixierung auf Stereotype und diskriminierend praktiziert
wird – und er hält es für dringend notwendig und befreiend,
wenn es darum geht, die Stereotype, Vorurteile und Klischees
zur Geschlechterunterscheidung und zu Geschlechterbeziehungen wahrzunehmen und die dadurch legitimierten Ungerechtigkeiten und Herrschaftsbeziehungen zu verändern. Die Achtung der Würde jedes Menschen ist grundlegend und ermöglicht
achtungsvolle und wechselseitig bejahte Beziehungen unabhängig vom Geschlecht.

Bei Bertram zeigt sich dies daran, dass er seinen Männerfreundschaften viel mehr Gewicht zu geben begann, seine diesbezüglichen Vorurteile revidierte und auch die Freundschaft mit Frauen in einem neuen Licht sieht und wertschätzt.

Er sieht damit auch klarer, wo er früher immer wieder auf der Flucht war vor Erfahrungen und Gefühlen, die nicht auf Stereotype (und damit auf die Abwehr von Herausforderungen) reduziert sind, sondern Räume von Würde, Lebendigkeit und wechselseitigem Respekt eröffnen. Bertram kehrt dabei auf den Ausgangspunkt unseres Kontakts zurück. Die bewusste Auseinandersetzung mit widersprüchlichen Erfahrungen, den Ambivalenzen seines Soseins und seiner früheren Erfahrungen öffnete ihn in vielfacher Hinsicht: Er geht wertschätzender mit sich selbst und anderen um, ist offen für Freundschaften, auch mit anderen Männern. Der Abschied von Genderstereotypen auch beim Trauern ließ ihn lebendiger und beziehungsfähiger werden und veranlasste ihn dazu, anderen nicht primär in Klischees von »Männlichkeit« und »Weiblichkeit« zu begegnen, sondern als Menschen in ihrer einmaligen Würde.

»Würde« ist auch ein Schlüsselwort für Bertrams Spiritualität – ebenfalls eine Ressource, die auf seinen Trauerwegen von zentraler Bedeutung geworden ist: Würde, die bedingungslos »geschenkt« ist: als grundlegende Lebensperspektive, für jedes menschliche Wesen und für das Ganze, für das, was »Schöpfung« genannt werden kann. Keine Selbstverständlichkeit, immer auch wieder infrage gestellt, missachtet, verhöhnt – und dennoch staunenswert, Ermutigung zum »Trotz(dem)«, Ahnung von einem Geheimnis, für das es keinen definierenden Namen geben kann.

Es ist eine offene Frage auch im Trauer-Wörterbuch. Und so bleibt er auf der Suche nach Bildern des »Göttlichen«, die nicht abschließen und lähmen (wie viele »patriarchale« und klischeehafte Gottesbilder), die nicht »erklären« wollen – auch nicht

Widerfahrnisse von Trauer. Spiritualität als suchendes Sichstellen, als offenes Fragen, als Staunen und auch als Kraft zum Durchstehen von Schmerzlichem und Unbegreiflichem.

2.8 Versöhnung mit dem Vater – ein Selbstbericht (Norbert Mucksch)

Der Tod eines Elternteils auch im späteren Lebensalter kann intensive Trauerprozesse auslösen, einschließlich der Trauer um nicht mehr nachholbare Aspekte der Eltern-Kind-Beziehung. Der Mitautor dieses Bandes, Norbert Mucksch, hat sich eingehend mit seiner Trauer als Sohn auseinandergesetzt und stellt dies als Selbstbericht zur Verfügung.

Ich (Jahrgang 1960) bin der Sohn eines im Alter von 71 Jahren verstorbenen Vaters. Fünf Monate nach seinem Tod bat ich um eine Einzeltrauerbegleitung. Ich vermute, ich habe zu diesem Zeitpunkt sehr reflektiert und gefasst gewirkt, zunächst auch kaum emotional. Mein Begleiter befragte mich zu meiner konkreten Motivation, in die Einzelbegleitung zu kommen. Ich sagte bereits beim ersten Kontakt, dass es mir viel weniger um den jetzt erlebten Verlust des Vaters gehe, sondern vielmehr um ein nachträgliches Verständnis für meinen Vater im Hinblick auf zahlreiche offengebliebene Fragen aus der eigenen Lebensgeschichte. Es gab für mich so viele Dinge, die ungeklärt geblieben waren, und das, obwohl ich selbst den Eindruck hatte, meinen Vater in seiner Erkrankung und seinem Sterben sehr gut begleitet zu haben. In dieser letzten Lebensphase habe ich eine große und zuvor nie vorhandene, fast intime Nähe zu ihm verspüren dürfen. Mein Vater ist nach einer mehrjährigen bösartigen Erkrankung in einem Krankenhaus gestorben. In der Klinik bin ich oft bei ihm gewesen; gestorben ist mein Vater trotz vieler Zeiten langer eigener Anwesenheit im Sterbezimmer in einem Moment, als ich nicht zugegen war. Damit bin ich aber sehr versöhnt, denn das passte zu meinem Vater und seiner Persönlichkeit. Das kannte ich: Bei allen sehr persönlichen Dingen und auch bei Abschieden hat mein Vater sich meistens abgewendet und sich der Situation entzogen, um seine dann mitunter aufkommende Emotionalität und seine Tränen nicht hochkommen zu lassen und zeigen zu müssen. Zugleich war genau diese Erfahrung, die ich gerade in den letzten zehn bis 15 Jahren bis zu seinem Versterben mit ihm immer wieder gemacht habe, der Auslöser für mein damaliges Fragen und Suchen. In der Begleitung habe ich damals zunächst von meiner Kindheit und Jugend erzählt und auch davon, was ich aus der Kindheit und Jugend meines Vaters wusste.

Meine eigene Kindheit würde ich als »gut versorgt« beschreiben. Materiell war eigentlich immer alles da, kein luxuriöses Leben, aber gesicherter Wohlstand, auch schon in den 1960er Jahren. Gemangelt hat es eher an Emotionalität, Herzlichkeit, Ermutigung und der absichtslosen Vermittlung von Zutrauen. Auch hätte ich mir mehr Schutz und Geborgenheit gewünscht in Situationen, in denen ich mich klein und ausgeliefert gefühlt habe. Ich kann mich immer noch gut erinnern, dass mir beide Eltern immer deutlich vermittelt haben, dass ich eine große Hochachtung vor »Autoritäten« (z. B. vor der Kinderärztin, dem Zahnarzt und dem benachbarten Augenarzt) haben müsse. Das hat Spuren hinterlassen, die mir in meiner heutigen Lebenssituation nicht zuträglich sind. Gewünscht hätte ich mir vor allem mehr vermitteltes Zutrauen und die zusprechende, ermutigende und zuversichtliche Aussage: »Ich bin stolz auf dich! Du kannst was! Ich sehe deine Talente und Fähigkeiten, mach was daraus!« Stattdessen habe ich eher unausgesprochene, aber umso wirksamere Botschaften gespürt wie: »Halt dich zurück! Lehne dich nicht zu weit aus dem Fenster! Lauf nicht so weit raus! Lauf uns nicht davon!«

Als ich damals in der Begleitung davon erzählte, merkte ich, wie mich das berührt und traurig gemacht hat. Mit vermutlich leicht erstickter Stimme sagte ich: »Ich wäre so gern selbstbewusster und liege über Kreuz vor allem mit meinem Vater als männlicher Identifikationsfigur, dass er mir diesen Teil einfach nicht gegeben hat.«

Bei einem weiteren Treffen wurde ich gebeten, konkret von meinem Vater und dessen Kindheit und Jugendzeit zu erzählen. Im Grunde wusste und weiß ich nicht viel von ihm aus dieser Lebensphase. Ich kann mich bis heute aber gut daran erinnern, dass ich immer mal Ansätze gemacht habe, meinen Vater danach zu befragen. Allerdings habe ich immer die gleichlautende Antwort erhalten: »Frag nicht danach!« Was ich weiß, ist, dass mein Vater mit 15 Jahren in den letzten Kriegsmonaten des Zweiten Weltkriegs noch zur Marine eingezogen wurde und mit ganz viel Glück mit einem der letzten Boote über die Ostsee zurück in den westlichen Teil Deutschlands gelangt ist, sodass ihm die russische Kriegsgefangenschaft erspart geblieben ist. Ganz selten hat er mal von schlimmen Erfahrungen (wie standrechtlichen Erschießungen) aus dieser Zeit erzählt. Ich habe bis heute die Fantasie, dass mein Vater entweder hilflos hat zusehen müssen oder schlimmstenfalls sogar in irgendeiner Form daran beteiligt war. Ich träumte diese vermuteten Fantasien sogar regelmäßig! All das konnte ich aber mit meinem Vater selbst nie besprechen.

In mehreren Gesprächen führte mich meine Begleitung immer wieder vor allem an die mutmaßlichen Erfahrungen meines Vaters in den letzten Kriegsmonaten heran und ermöglichte es mir, darüber in ein anderes, tieferes Verständnis meines Vaters zu kommen mit seinen durch die damalige Zeit gesetzten äußerlichen Begrenzungen. Es gelang mir nach einigen Gesprächen, von meinem Erschrecken über den Vater in der damaligen Situation wegzukommen und auch von meiner späteren, sich immer neu wiederholenden Enttäuschung darüber, was seine emotionale Zurückhaltung anging. Es brauchte eine Weile, bis es mir möglich wurde, meinem in meiner Vorstellung sehr präsenten Vater zu sagen, was ich mir eigentlich von ihm gewünscht hätte als Vater und auch als Mann und was uns beiden vorenthalten geblieben ist dadurch, dass wir uns auf dieser Ebene zu Lebzeiten leider nie begegnen konnten. Zugleich gelang mir auch ein erster versöhnender Teil, der mir bis heute sehr wertvoll ist: »Ich bin dir, Vater, selbst wegen all dem auch etwas schuldig geblieben und ich beginne mehr und mehr zu verstehen, dass du ein Kind deiner Zeit warst, einer in deiner Jugend grausamen Zeit mit Bedingungen, die du dir nicht aussuchen konntest und die dich so haben werden lassen, wie du geworden bist.« Gegen Ende kann ich sogar sagen, dass ich tief dankbar bin, durch die Möglichkeiten der Begleitung an dieses Erkennen und Verstehen gelangt zu sein: »Ich weiß, dass die Zeit damals dafür nicht reif war und dass der Zugang zu solchen Möglichkeiten nicht bestand. Und als du älter warst, waren deine Erinnerungen aus für dich gutem Grund bereits so verschüttet, dass du diese ›Dose‹ nicht mehr öffnen wolltest oder auch konntest. Du warst mir Vater, so gut du es sein konntest. Ich danke dir dafür und söhne dich aus!«

2.9 Verlorene Persönlichkeit: Trauerweg nach Verlust der körperlichen Unversehrtheit und nach frühem Verlust der Arbeitsfähigkeit – ein Selbstbericht (Jan Berger, Pseudonym)

Jan Berger (Pseudonym) war als Hochschullehrer tätig und stand »mitten im Leben«, als er in zunehmendem Maße von einer neurologischen Erkrankung beeinträchtigt wurde. Diese beraubte ihn nicht nur seiner körperlichen Unversehrtheit, sondern auch seiner sozialen Rolle in Beruf und öffentlicher Verantwortung.

Was mein Leben prägt, oder besser: prägte, das war – und ist sie auch heute noch – ganz besonders meine Familie. Insbesondere meine kleine Kernfamilie mit Partnerin und Kindern als der große Ankerpunkt im Leben.

Und dann kam da schon der Beruf mit all seinen sich daraus ableitenden Facetten. Forschung, Management, politische Verantwortung, Personalverantwortung. Ein Eldorado, wo ich beständig aus dem Vollen schöpfen konnte beim Versuch der Selbstverwirklichung und bei der Mitgestaltung von Gemeinwohl und Leben überhaupt. Vorausgegangen waren viele Jahre der eigenen Ausbildung. Ein Privileg, das es, angekommen in einer wohlsituierten Berufssituation, zurückzugeben galt an die Gesellschaft, die mir eben diese Lebenschancen eröffnet hatte.

Beruf, Familie und Freizeit lebten in einer Symbiose aus Interesse und Fachlichkeit. Beruf war Hobby. Arbeitsplatz war immer gerade dort, wo ich war: im Büro, zu Hause, im Urlaub. Eine Geißel? Nein! Ein Segen! Genauso habe ich es geliebt und mein Leben genossen. Typisch männlich? Vielleicht. Wahrscheinlich schon, oder? Auf jeden Fall aber ein Lebensstil, den ich favorisiert und gepflegt habe.

Und dann, irgendwann die sich ändernde Lebenssituation, wo die persönlichen Fähigkeiten verloren gingen. Meine Sprache wurde stammelnd, mein Körper zitterte und machte das Schreiben unmöglich – weder Stift noch Computertastatur konnten bedient werden. Selbst Lesen war nicht mehr möglich. Herzbeschwerden, Kognitionsausfälle, extrem eingeschränkte Wahrnehmung kündigten große Veränderungen an.

Sozialkontakte wurden zur Belastung. Schließlich waren sie so gut wie gar nicht mehr zu leisten. Nicht im Beruf, nicht in der Freizeit, nicht mal mehr in der Familie. Plötzlich fand ich mich – gefühlt – allein in einer nicht mehr zu beherrschenden Lebenssituation wieder. Ich verlor meinen Halt. War angewiesen auf professionelle, medizinische Unterstützung. Einsamkeit wurde Alltag. Eine Verabschiedung aus meinem bisherigen Leben war nicht möglich. Der erzwungene Abschied war jetzt einfach da.

Über mehrere Jahre verbrachte ich etwa die Hälfte meiner Lebenszeit in weit von meinem Wohnort entfernten Kliniken. Kliniken, in denen sich Ärzte gemeinsam mit mir auf die Suche nach Ursachen machten. Kliniken, die jetzt zum neuen Orientierungspunkt für einen extrem eingeschränkten Alltagshorizont wurden. Klinikpersonal, das die bedeutungsvolle (Ersatz-)Rolle für Familie, Freizeit und Beruf übernahm – Überlastung für alle Beteiligten vorprogrammiert. Selbstbestimmung geht verloren. Hilfebedürftigkeit entwürdigt und macht zugleich dankbar. Zutiefst dankbar – für jede ernst gemeinte Empathie, für jede Unterstützung, für jedes lösungsorientierte Mitdenken, für ein Lächeln.

Das bisherige Leben hatte mich ausgemustert. Aus allem. Klinische Unterstützung, die Suche nach einer (medizinischen) Lösung für dieses Lebensdilemma drängt sich immer weiter in den Vordergrund, wird zum Alltag. Zugleich bringt die anhaltende Hilflosigkeit der Medizin eben genau diesen »Rettungsanker« ins Wanken. Ich muss realisieren, dass sich das Hoffen auf eine Lösung im Sinne von »Problem erkannt; alles kann wieder so wie früher werden« sukzessive verabschiedet. Und zugleich sehr schmerzhaft verabschiedet.

Alles bricht zusammen. Trauer und Verzweiflung drängen sich in mein Leben. Trauer, dieser schmerzhafte Zustand, bestehend aus einer Ansammlung diffuser Gefühle und physischen und psychischen Reaktionen. Und zugleich ein Prozess, dessen Durchleben Zeit benötigt.

Aber: Ich lebe. – Wirklich? Wie lebenswert ist ein Alltag, in dem ich funktioniere ohne jegliches Gefühl? Wo ich die Einschränkung meiner geistigen Fähigkeiten erkenne. Wo ich Situationen durchlebe, in denen mein mittelfristiges Gedächtnis zeitweilig komplett ausgeschaltet ist. Wo ich Kontakte/Besuche/Gespräche nicht mehr erinnern kann. Wo ich aus der Freude leben soll, endlich wieder mehr als eine Zeitungsüberschrift selbstständig erfassen zu können. Und wenn die Kognition ganz langsam in kleinen Schritten wieder zurückkommt, ich so weit komme, meine Einschränkungen erleben, aber nicht überwinden zu können, dann wird irgendwann klar, dass das eigene Leben radikale Änderungen erfahren hat.

Ich habe meine Vergangenheit verloren. Ich habe nahezu alles verloren, was in den bisherigen Lebensjahrzehnten von so hoher Bedeutung war. Niemand hat gefragt, ob ich bereit sei, eben dieses loszulassen. Eine Situation, die entschieden ist. Nicht diskutierbar. Unumkehrbar. Absolut. Der Verlust von Persönlichkeit. Kombiniert mit dem Verlust von Beruf, von politischen Ämtern, von Vorstandstätigkeiten, von allem. Kombiniert mit dem Verlust von sozialem Leben – auch im Privaten; ja selbst dort greift keine Schadensbegrenzung.

Parallel hierzu kommt noch die Coronapandemie ins Spiel. Alle werden aufgerufen, soziale Kontakte einzuschränken. Welches Glück für mich. Meine individuellen, persönlichen Begrenztheiten werden zum gesellschaftlichen Novum. Ich werde wieder ein kleines bisschen normal.

Diese hier in groben Stichworten beschriebene Phase umfasst einen Zeitraum von gut vier Jahren. Meine Kognition lässt heute wieder Ansätze von Denken zu. Ich kann meine Lebenssituation wieder als meine ganz individuelle Lebenssituation wahrnehmen. Kann sie nicht nur fühlen, sondern in Worten beschreiben, wie viel mir in den letzten Jahren verloren gegangen ist. Trauer setzt jetzt bewusst ein. Oder besser: kann jetzt immer öfter erkannt und zugelassen werden. Trauer über den Verlust eines Lebens, das ich geliebt habe. Ein Leben, das *Ich* war. Und wer bin ich jetzt? Immer noch *Ich*? Noch bin ich auf der Suche nach dem neuen Ich.

Ganz langsam fange ich an zu begreifen, dass das Leben mehr zu bieten hat als zum Beispiel Erfolg und Wohlstand. Okay, eine solche Weisheit hätte ich auch in meinem bisherigen Leben schon unterschrieben. Aber die versuchte Akzeptanz dessen, dass mein altes Leben nicht mehr zurückzubringen ist, hilft mir, mich auf das Neue einzulassen. Eine Lebenssituation, in der von Vergangenheit nichts bleibt als ein ganz persönlicher, erinnernder Gedanke. Eine Vergangenheit, aus der ich immer noch so vieles so schmerzhaft vermisse.

Und je mehr Zeit ins Land geht: Vielleicht muss mein altes Leben doch auch nicht mehr wirklich sein. Ich suche nach neuen Idealen und Rollen. Versuche, meine mir eigenen Stärken zu kombinieren mit Idealen, die deutlich minimalistisch ausgeprägt sind. Minimalisiert ist hier zum Beispiel: Familie war immer schon mein wichtigster Bezugspunkt, der die Konkurrenz durch die vielen heiß geliebten beruflichen Kontakte und Begebenheiten heute verloren hat. Überhaupt sind soziale Kontakte minimiert auf einige wenige, sehr enge, bedeutsame Beziehungen. Minimalismus ohne Schaden! Besser noch: Minimalismus wird zu einer ungeahnten Stärke.

Meine Trauer über den Verlust von (bisherigem/früherem) Lebensstil und -inhalt ist damit nicht überwunden. Aber ich bin auf einem Weg. Trauer überwinden bedeutet, Verlust zu akzeptieren. Ich kann vieles verlieren, aber nie alles. Was also helfen kann, ist die Suche nach dem, was mich, was meine Person ausmacht. Zum Beispiel Eigenschaften, die nach wie vor zu mir gehören. Diese zu erkennen bedeutet die (Wieder-)Entdeckung von bewährten Orientierungen, die eine Verbindung zwischen altem und neuem Leben herstellen können und die dabei helfen, die möglicherweise exponierte Stellung der Trauer in meinem Leben zu überwinden.

Hoffnung entsteht. Immer wieder mal. Wachsend? Als kleines Pflänzchen so leicht zu erschüttern durch jeden neuen Rückschritt, der mir von Körper und Geist ohne bewusste Steuerungsmöglichkeit beschert wird. Zugleich beinhaltet Hoffnung auch weiterhin den Widerspruch. Einerseits ist sie dringend erforderlich für den Genesungsprozess der erkrankten Person. Andererseits stellt sie eine Gefahr dar für das Festhalten an einem alten Leben, das ich so vermisse, und kann damit zugleich den Verbleib in Trauer hervorrufen.

2.10 Einblicke in die Begleitung trauernder Männer – aus der Praxis einer Psychotherapeutin (Esther Sühling)

Dr. med. Esther Sühling ist Fachärztin für Psychiatrie und Psychotherapie. In ihrer Praxis begleitet sie Frauen und Männer in Trauersituationen. Als wir sie fragen, ob sie dabei Unterschiede zwischen Männern und Frauen beobachtet, bittet sie um etwas Zeit zum Nachdenken und schickt uns dann einen kurzen Erfahrungsbericht.

Als Psychotherapeutin arbeite ich in eigener Praxis; beispielhaft möchte ich zwei Begleitungen vorstellen.

Als Herr M. zu mir kam, war seine Frau gerade vor einem dreiviertel Jahr an den Folgen einer Krebserkrankung verstorben. Sie hatten keine gemeinsamen Kinder und waren in ihrem Beruf aufgegangen, er als Biologielehrer auf einer Gesamtschule, sie als Grundschullehrerin. Sie waren gereist, hatten gemeinsame und getrennte Hobbys und waren im Leben eng verbunden.

Die Krebserkrankung traf beide wie ein Blitzschlag – unerwartet, kurz vor der Pension, sie hatten sich ihr Leben anders vorgestellt. Herr M. pflegte seine Frau, die immer weiter abbaute; die medizinischen Maßnahmen halfen nicht, sie verstarb wenige Monate nach der Diagnose.

In seinem Schmerz versprach er seiner Frau: In einem Jahr, an deinem Todestag folge ich dir nach – und wir sind wieder vereint. Dieser Schwur bestimmte sein Leben: Wenn er zu Hause war, ging er täglich zum Grab und sprach mit seiner Frau. Aber er reiste auch, besuchte alles »zum letzten Mal« und machte Motorradtouren, besuchte Konzerte und ließ sein Leben Revue passieren. Immer war er im engen Kontakt mit seiner Frau, redete mit ihr, baute ihr zu Hause einen kleinen Altar, stellte nichts in der Wohnung um.

Seine Lebenslust – vor seinem gewählten Todesdatum – wurde von Freunden und Verwandten missverstanden. Viel zu schnell sei er über seine Frau hinweggekommen, er trauere nicht richtig, so berichtete Herr M. mir irritiert über die Kritik, die ihm zu Ohren gekommen war.

Er kam zur Therapie, weil das Datum seines versprochenen Suizides, der Todestag seiner Frau, näher rückte und er innerlich zerrissen war: Einerseits liebte er seine Frau inbrünstig und wollte sein Versprechen nicht brechen, andererseits spürte er einen Faden, der ihn am Leben halten wollte. Er wollte leben, aber seine Frau nicht enttäuschen. Als er zur Therapie kam, hatte er den Tod seiner Frau noch nicht verarbeitet: Auf seinem Handy war als Hintergrundbild seine eben verstorbene Frau eingerichtet, die Wohnung sah aus wie vor dem Tod, er könne nichts verändern, noch nicht einmal den Bademantel wegräumen. Für ihn war seine Frau nicht wirklich tot, sondern an einem anderen Ort, wo sie auf ihn wartete und sein Schwur die Verbindung zu diesem Ort darstellte.

Als er für sich verstand, dass er diesen Schwur nicht halten muss, dass er mit seiner Frau verbunden bleibt, auch wenn er lebt, und seine Frau sich wohl auch an seinem Leben freut (er hatte sie an ihrem Grab »gefragt« und sie hatte ihm von seinem Gefühl her »geantwortet«, sicherlich kein psychotisches Phänomen), konnte er sich dem Leben zuwenden, sein Haus verkaufen, eine neue Beziehung beginnen – und dennoch blieb die Verbindung zu seiner Frau erhalten. Er sagte Ja zu seiner Trauer – und Ja zum Leben.

Ein weiteres Beispiel ist ein Ehepaar, das mich nacheinander nach dem Tod ihres 15-jährigen Sohnes aufsuchte, der unerwartet nach einer Erkrankung gestorben war. Die Frau suchte mich sporadisch auf, der Mann ging zu einem anderen Therapeuten und kam ein Jahr nach Abschluss seiner Therapie bei erneuter Verschlechterung seines psychischen Zustands zu mir.

Der Tod eines Kindes ist ein tiefer Einschnitt in das Leben einer Familie. Der Schmerz über so viel potenzielles, aber ungelebtes Leben, der Schmerz über die Zerstörung eines wichtigen Lebenssinns, der Schmerz des Überlebenden, der Zorn über die Ungerechtigkeit und abgrundtiefe Verzweiflung lassen sich schwer auffangen.

Am Anfang erfuhren beide viel Unterstützung und Nachfragen; jedoch spätestens nach einem Jahr wurde die Aufforderung im Außen groß, sich doch endlich wieder dem normalen Alltag zuzuwenden. Auch die Freunde des Sohnes wurden älter, die Lebensthemen veränderten sich, das Leben im Außen ging sichtbar weiter, die Erinnerungen an den Sohn, die Grabpflege, das alte Zimmer fielen immer mehr aus der Zeit.

Das Ehepaar entschied sich, das Zimmer des Sohnes so umzuräumen, dass es für alle Mitglieder der Familie gut benutzbar war. Sie hängten dort die Bilder vom Sohn auf, setzten einen gemütlichen Stuhl hinein: Das war der Ort des Rückzugs, wo der Sohn auch mit anwesend war, ein fast sakraler Platz.

Das Ehepaar sprach von Anfang an miteinander, sie waren offen mit ihren Gefühlen der Trauer, der Wut, des Zorns auf alle anderen Menschen, deren Kinder lebten, umgegangen. In diesen Punkten waren sie sich einig, die familiären Bande festigten sich auch durch diese gemeinsame Trauer, wo beide sich einig waren, dass sie nie abgeschlossen sein würde. Hier war der Ausdruck der Trauer ähnlich.

Die Frau konnte offen ihre Gefühle formulieren und sie differenziert wahrnehmen, berichtete von den Schwierigkeiten im Außen und schämte sich ihrer Tränen nicht. Sie »trug ihr Kind weiter in ihrem Herzen«, organisierte Treffen mit den Freunden des Sohnes und Jahrestage. Sie gestaltete auch überwiegend das Grab. Sie beklagte etwas, dass ihr Mann ihr zwar gut zuhöre, aber über seine Gefühle wenig sprach und sich häufig zurückziehe.

Der Mann kam ein Jahr nach dem Abschluss seiner Therapie – ca. drei Jahre nach dem Tod des Sohnes – zu mir. Er betonte immer wieder, was er schaffe, wie er produktiv »damit« umgehe und dass er zu der Trauer stehe – ohne dass ihm die Trauer emotional anzumerken war. Er berichtete, dass er seine Freizeit überwiegend in dem Zimmer seines verstorbenen Sohnes verbringe und dort Musik höre. Dazu könne er auch gut stehen, das sei wichtig und in Ordnung. Dass er immer wieder krankgeschrieben werden musste, weil er Schwierigkeiten hatte, zu funktionieren, darüber ging er schnell hinweg.

Diese Beispiele sind vertretend für andere Beispiele des Trauerprozesses von Männern und von Frauen. Ich beobachte häufiger, dass Männer in der Trauer eher aktiver werden, kämpferisch, zeigen wollen, dass sie sich nicht unterkriegen lassen, ihre Trauer oft nicht bewusst spüren, es ist oft ein Darüber-Reden, nicht ein Davon-Sprechen. Frauen formulieren meiner Erfahrung nach ihre Gefühle oft bewusster, gehen oft durch den Schmerz durch. Sie bleiben eher in der Bindung zum verstorbenen Partner und gehen seltener eine neue Partnerschaft ein; sie reden über ihren Schmerz und empfinden ein Ja zum Leben nach dem Tod des Partners als Verrat.

Die Trauer zeigt sich unterschiedlich, die Erfahrungen dienen als Beispiele aus meiner Praxis und sind sicherlich nicht ohne

Weiteres zu generalisieren. Das Ausmaß der Trauer würde ich bei Männern und Frauen als gleich einschätzen, der Ausdruck ist jedoch interindividuell verschieden, ob die Unterschiedlichkeit zwischen Männern und Frauen gesellschaftliche oder biologische Ursachen hat, kann ich nicht beurteilen.

3 Kreativität wagen in der Begleitung: Anregungen für die Praxis

Welches Bild haben Sie von »männlicher« Trauer, liebe Leserin, lieber Leser? Die im vorigen Abschnitt zu Wort gekommenen trauernden Männer bzw. die sie Begleitenden haben in ihren Erzählungen ihre Erfahrungen und Bilder von Trauer zum Ausdruck gebracht. Haben Sie ein ähnliches oder ein ganz anderes Bild von männlicher Trauer? Was leitet Ihren Blick in der Trauerbegleitung von Männern und Frauen? Mit welchen inneren Bildern sind Sie – bewusst oder unbewusst – unterwegs? Welche Erfahrungen und welche Zuschreibungen kennen Sie selbst aus Begleitungskontexten oder eigenen Trauersituationen? Welche Zuschreibungen machen Sie möglicherweise selbst?

Mit diesem Abschnitt möchten wir versuchen, die Bilder und Prägungen zur Kenntnis zu nehmen, zu hinterfragen und zugleich den eigenen Erfahrungen Bilder und Texte anderer zur Seite zu stellen, vielleicht auch entgegenzusetzen. Ob sie typisch männlich oder eben nicht typisch sind, ist dabei zweitrangig. Bei den Fallberichten stand dieser Aspekt ganz im Hintergrund gegenüber den unterschiedlichen Anlässen von Trauer, den diversen Lebenssituationen und auch den »Mustern« (patterns) von Trauer, wie Kenneth J. Doka sagt (siehe Kapitel 1.3.1). In jedem Fall können die Berichte und Erzählungen ein gutes Hilfsmittel sein, den eigenen Blick zu überprüfen und zu weiten. Darüber hinaus können die Texte, Bilder und Filme, mit denen wir Impulse für die Praxis geben möchten, methodische Hilfsmittel sein in der Trauerbegleitung von Männern *und* Frauen. Dieser Abschnitt kann somit zweierlei Funktionen haben: Einerseits bietet er eine Möglichkeit zur Selbstreflexion, andererseits ist er auch ein Blick in eine unfertige Ideenwerkstatt, mitunter ein kleiner »Methodenkoffer«.

3.1 Dorthin (mit-)gehen, wo Trauernde hingehen

Unser Buch verstehen wir nicht als umfassendes Handbuch für die Praxis der Trauerarbeit mit Männern; dennoch ist es ein Praxisbuch, das unsere eigenen Praxiserfahrungen aufgreift, über die Beispielgeschichten im Alltag des Lebens und Überlebens trauernder Männer verankert ist und immer wieder einmal Vorschläge für die praktische Trauerbegleitung macht. Manche Impulse sind bereits in den vorhergehenden Abschnitten untergebracht und müssen hier nicht mehr entfaltet werden. An sie sei nur durch ein paar Stichworte erinnert:

- Dass Trauer auch bei Männern körperliche Aspekte hat, kann in der Begleitung konkret aufgenommen werden.
- Schon erwähnt wurden die Anregungen des Tänzers, Choreografen und Kursleiters für Palliative Care Felix Grützner (2018), der sich sowohl Gedanken gemacht hat, wie trauernde Menschen in Bewegung kommen, als auch die Begleitenden zur Bewegung anstiftet. »Haltung einnehmen« ist ja nicht nur eine innere, symbolische Aufforderung, sondern auch ein Aufruf dazu, das Zusammenstimmen innerer und äußerer Haltung in den Blick zu nehmen (z. B. vor dem Spiegel oder in Gruppenübungen). Spannend sind seine Gedanken zu Stabilität und Labilität, zu Nähe und zum Wagnis von Bewegung. Sollte eine Männergruppe Scheu vor Körperübungen oder gar Tanz haben, genügt bereits das Stichwort »Wir könnten doch mal miteinander turnen, oder?«,

um in Bewegung zu kommen. »So fallen Hemmungen, und ohne Scham, aber mit viel Humor kann beim gemeinsamen ›Turnen‹ das Feld für eine intensivere Auseinandersetzung mit den Aspekten körperlichen Ausdrucks bereitet werden«, schreibt Grützner (2018, S. 93). Warum also nicht mit der Trauergruppe in die Muckibude? Oder ein anderes körperorientiertes Angebot: Andrea König, Theologin und Pädagogin im »forum frauen«, einem Treffpunkt im Stadtzentrum von Nürnberg, und Günter Kusch, Pfarrer im ebenfalls dort befindlichen »forum männer«, haben ein ganzes Buch (»Die Bibel sportlich nehmen«, 2021) über Yoga anhand biblischer Frauen- und Männerfiguren geschrieben, das kreativ zu Körperübungen einlädt. Einige der Erzählungen und Körperübungen eignen sich ausgezeichnet auch für die Trauerbegleitung.

- Trauerpilgern ist ebenfalls eine bewährte Methode, um aus dem Stillstand in Bewegung zu kommen, begleitet und am besten in einer Gruppe Gleichgesinnter, wo man ganz nach Belieben schweigen und reden kann, jeden Tag ein neues Ziel erreicht und auch das Feiern nicht vergisst (siehe Kapitel 1.4.2).
- Auch zum Ins-Gespräch-Kommen über Tätowierungen ist schon Praktikables gesagt worden (siehe Kapitel 1.4.1).
- Ins Gespräch mit Männern kommt man am besten dort, wo Männer – zumindest einige – in ungezwungener Weise zusammenkommen, beispielsweise in einer Nachbarschafts- oder Dorfkneipe. Warum nicht mit einer Kneipenwirtin oder einem Kneipenwirt vereinbaren, dass es einmal im Monat (oder sonst einem regelmäßigen Zeitraum) einen »Trauer-Tresen« gibt, zu dem über die örtliche Zeitung eingeladen werden kann? Wenn es in Brandenburg schon »Kneipengottesdienste« gibt, bei denen die Pfarrerin Simone Lippmann-Marsch zum »Beten bei Bier und Bike« einlädt (vgl. die

Tageschau am 18. Juli 2022)³, dann geht das doch auch für Trauerbegleitung, mal abgesehen davon, dass Alkohol als Suchtmittel missbraucht werden kann. Dabei kann man ein bestimmtes, am besten ein etwas geschütztes Eck in der Kneipe ausmachen, wo ein*e Trauerbegleiter*in sitzt und bereit ist, mit einem anderen Menschen zu schweigen oder zu reden, zu »heulen« oder »sich auszukotzen«. Man kann kommen und gehen, muss nichts außer die eigene Rechnung bezahlen. Als Anregung zum Gespräch eignen sich auf Bierfilze oder Papierservietten gedruckte oder geschriebene Sinnsprüche oder Sprichwörter, über die man dann diskutieren kann.

- Sehr »populär« und hinlänglich bekannt sind ja Formulierungen wie »Männer weinen nicht« oder »Ein Indianer kennt keinen Schmerz«. Dass solche Äußerungen weder korrekt noch hilfreich sind, werden nicht nur die Männer bestätigen, die diese Zuschreibungen in ihrer Erziehung und Sozialisation regelmäßig als determinierende, bestimmende Sätze gehört haben. Die Möglichkeit, ja die Fähigkeit, emotional zu sein, Emotionen auszudrücken und weinen zu können, ist keine Fähigkeit, die vorrangig dem weiblichen Geschlecht vorbehalten ist.

---

3   https://www.tagesschau.de/inland/mittendrin/mittendrin-brandenburg-pfarrerin-gottesdienste-bier-bibel-101.html (09.09.2022).

3.2 Lyrische Texte und expressive Bilder

Ins Gespräch kann man auch an anderen Orten und über andere Impulse kommen. Uns hat ein Gedicht von Erich Fried angeregt, das den beziehungsreichen Titel »Aufhebung« trägt. Wir haben es diesem Buch vorangestellt. Darüber sei im nächsten Abschnitt etwas intensiver nachgedacht. Lyrische Texte sind »sicherlich die subjektivste Dichtform« (Rechenberg-Winter, 2015, S. 49), eine recht unmittelbar anmutende Ausdrucksweise innerseelischer Vorgänge; sie drücken individuelles Erleben so aus, dass sie manchmal sogar Allgemeingültigkeit erreichen und im Leser oder in der Leserin Resonanz finden und Resonanzen auslösen. So bergen sie, wie andere Texte auch, beispielsweise die im zweiten Kapitel aufgenommenen Erfahrungsberichte, im Sinne einer Bibliotherapie heilsames Potenzial.

3.2.1 »Aufhebung« – Erich Fried

Das Gedicht von Erich Fried (s. S. 7) thematisiert das Weinen und die fließenden Tränen als bedeutsame menschliche Fähigkeit. Zugleich wird diese Fähigkeit positiv konnotiert, indem die Tränen in einen unmittelbaren Zusammenhang auch mit dem Empfinden von Glück gestellt werden. Das Gedicht ist ein beredtes Beispiel dafür, wie wichtig der »Ausdruck« in der Trauer ist. Ausdruck durch Sprechen (»sein Unglück sagen können«) und zugleich das Verstandenwerden. Im mitmenschlichen Kontakt die Möglichkeit haben, sich selbst wieder oder überhaupt zu verstehen. Das Weinen setzt Fried gezielt an den Abschluss seines Gedichts. Der, der dieses Gedicht geschrieben hat, ist ein Mann. Ein Mann, der offensichtlich selbst sehr gut wusste um die tiefe Bedeutung und auch um das Glück der Tränen. Typisch Mann?

Möglicherweise gibt die Biografie von Erich Fried Aufschluss darüber, warum er dieses Gedicht so hat schreiben können, vielleicht sogar schreiben müssen: Fried (Jahrgang 1921), der in einer jüdischen Familie in Österreich aufwuchs, verlor 1938 seinen Vater, der an den Folgen von Folter durch die Gestapo starb. Daraufhin emigrierte er noch im selben Jahr nach London. Dort wohnte er bis zu seinem Tod im Jahr 1988. Das Gedicht trägt den Titel »Aufhebung«, das hat etwas mit Wandlung und Veränderung zu tun, also damit, sich der schwierigen und bedrückenden Lebenssituation zu stellen. Und das ist das Gegenteil von Verdrängen. Für Erich Fried gehören zu diesem Sichstellen unbedingt und unmittelbar das Weinen und die Tränen dazu.

Und die Aufhebung hat, zumindest fast, schon wieder etwas mit Glück zu tun. Eindrucksvoll ist an den verdichteten Worten von Erich Fried auch, dass er den Ausdruck der Trauer, das Aussprechen des Unglücks, an den Atem bindet (»Sein Unglück ausatmen können«). Der Atem stellt eine immer vorhandene Ressource dar, solange wir leben. Zumeist nehmen wir diese Ressource nicht wahr, denn wir müssen nicht bewusst atmen, sondern atmen aus einem Reflex, der uns am Leben hält. Der Atem hat eine besondere Bedeutung, und diese hat etwas zu tun mit der menschlichen Seele. Der griechische Begriff »pneuma«, den wir zum Beispiel von Fachärzten für Lungenerkrankungen kennen (Pneumatologie), beschreibt nicht nur den Atem, sondern steht auch für die Seele und den Geist. Wenn Erich Fried hier in seinem Gedicht den Begriff des Atems benutzt, dann lässt sich das auch so verstehen, dass es darum geht, die Seele zu entlasten von erfahrenem Unglück. Und zu dieser Entlastung gehören das Sprechen und auch das Weinen.

3.2.2 »Abraham beweint Sarah« – Marc Chagall

Das Weinen und die Tränen in dem Gedicht von Erich Fried schaffen eine gute Überleitung zu einem Bild von Marc Chagall (1887–1985) aus dem Jahr 1956. Hier begegnet uns ein anderer sehr emotionaler Mann in tiefer Trauer in einer künstlerischen Interpretation von Marc Chagall. Chagall stellt einen hochbetag-

Lyrische Texte und expressive Bilder 129

Abbildung 1: Marc Chagall: Abraham beweint Sarah, 1956/akg-images

ten Mann dar, der um eine Frau trauert. Es handelt sich um Abraham, der seine verstorbene Frau Sarah beweint und sie intensiv betrauert. Das Bild zeigt einen leicht gebeugten Mann, der sein Gesicht bedeckt. Vor ihm liegt seine verstorbene Frau Sarah. Das Bedecken des Gesichts ist wohl weniger als Ausdruck von Scham zu deuten, sondern mehr als ein In-sich-gekehrt-Sein, ein

Bei-sich-Sein, vielleicht auch als ein Zeichen von Ehrfurcht und Dankbarkeit. Abraham weint, er lässt seiner Traurigkeit freien Lauf, er gibt ihr Ausdruck mit seinen Tränen und seiner Körperhaltung. Im alttestamentlichen Text heißt es dazu im Buch Genesis: »Abraham kam, um die Totenklage für Sara zu halten und sie zu beweinen« (Gen 23,2 – nach der Einheitsübersetzung). Das heißt: Hier geht es einerseits um einen rituellen Brauch, die Totenklage, die in den damaligen Lebenszusammenhängen institutionalisiert und integriert war und somit einen festen Platz hatte. Trauernde Menschen – Männer wie Frauen – hatten dadurch eine eigene Rolle, zumindest temporär, und waren vor allem auch geschützt. Andererseits wurde genau dadurch trauernden Menschen ein Raum eröffnet, in dem sie unabhängig von ihrer Geschlechtsrolle trauern, klagen und weinen durften. Es gab offenbar ein Bewusstsein dafür sowie Zeit und Raum, nahestehende Menschen zu beweinen und genau dadurch der eigenen Trauer den Ausdruck zu verleihen, den sie braucht. Die dargestellte Szene ist Jahrtausende alt, die Darstellung Marc Chagalls erst rund 65 Jahre. Unabhängig vom Alter des Textes bzw. des Bildes gilt, dass die Erkenntnis im Hinblick auf die Bedeutung des Ausdrucks von Trauer alles andere als neu ist und dass sie eine Wahrheit ist, die damals wie heute Gültigkeit hat.

3.2.3 »Alter Mann in Trauer« – Vincent van Gogh

Ein ausdrucksstarkes Bild mit einer ganz ähnlichen Aussage hat der niederländische Künstler Vincent van Gogh (1853–1890) gemalt. Es trägt den Titel »Alter Mann in Trauer« und zeigt einen Mann in einer vermeintlich untypisch männlichen Haltung. Das im Mai 1890 entstandene Bild – kurz vor dem Tod van Goghs – drückt Trauer aus, aber auch Verzweiflung, Niedergeschlagenheit und Einsamkeit. Anders als das Chagall-Bild hat es keinen religiösen Bezug und ist daher möglicherweise in der Begleitung nicht religiös geprägter Männer anders vermittelbar als das Chagall-Bild.

Lyrische Texte und expressive Bilder 131

Abbildung 2: Vincent van Gogh: Trauernder alter Mann, 1890/akg-images

3.2.4 »Unterwegs nach Emmaus« – Janett Brooks-Gerloff

Das nächste Bild, welches wir hier vorstellen, zeigt trauernde Männer auf dem Weg und hat als literarisches Vorbild eine über 2000 Jahre alte Sequenz aus dem Neuen Testament. In der Emmaus-Geschichte (Lk 24,13–21) wird der Weg von zwei Männern in tiefer Trauer beschrieben, die sich auf dem Weg in ein

Dorf namens Emmaus befinden. Während sie auf dem Weg sind, kommt ein Begleiter hinzu und erfüllt in seiner ganzen empathischen Begleitungshaltung das, was Trauerbegleitung in ihrem Wesenskern ausmacht: Der im Bild schemenhaft, durchsichtig dargestellte Begleiter ist zugewandt, unterstützend, behutsam und in keiner Weise wertend. Dieser Begleiter lässt die beiden trauernden Männer sprechen, er lässt sie klagen und erzählen und eröffnet Räume zum Erinnern. Er verharmlost den erlittenen Verlust nicht, er vertröstet nicht und ist bereit, die wahrgenommene Untröstlichkeit auszuhalten (vgl. Jung-Henkel, 2010).

Diese moderne Darstellung einer neutestamentlichen Szene stammt von Janett Brooks-Gerloff (1947–2008) und trägt den Titel »Unterwegs nach Emmaus« (1992). Es zeigt trauernde Männer in einer vielleicht eher typischen Darstellung. Die beiden Männer sind bereits in Aktion, sie sind auf dem Weg. Auf die-

Abbildung 3: Janett Brooks-Gerloff: Unterwegs nach Emmaus, 1992
(© Janett Brooks-Gerloff)

sem Weg sind sie nicht allein, sie sprechen zunächst miteinander und lassen sich in der hinzukommenden Begleitung zum weiteren Sprechen und Klagen ermutigen.

3.2.5 »Der Tod im Krankenzimmer« – Edvard Munch

Kaum ein künstlerisches Schaffen bringt eindrücklicher zum Ausdruck, wie sehr Trauer ein gesamtes Leben prägen kann, als das des norwegischen Malers Edvard Munch (1863–1944). Während viele der Grafiken und Ölbilder dieses Malers am Übergang vom Impressionismus zum Expressionismus davon künden, ist die Komplexität von Trauererleben, anhaltender Trauer und einem kreativen Umgang mit Trauer in dem Bild »Der Tod im Krankenzimmer« (1893) geradezu als Konzentrat zu haben. Wie auf einer Theaterbühne sind ganz unterschiedliche, ja widersprüchliche Reaktionen auf ein Trauerereignis in der Gestik, Mimik und Konstellation einzelner Figuren gebannt.

Für Trauerbegleitung lohnt es sich in mehrfacher Hinsicht, mithilfe dieses Bildes Varianten von Trauer bei Männern zu erkennen und zu verstehen und gegebenenfalls in die Begleitung trauernder Männer einzubeziehen. Es ist wichtig, darauf zu achten, sich nicht in kunstgeschichtlichen Betrachtungen zu verlieren. Dennoch lohnt es, das Bild etwas einzuordnen. Man kann sich dem Bild sowohl von innen heraus, konzentriert auf das Gemälde selbst, als auch durch eine Einordnung in das künstlerische Schaffen des Malers annähern. Auf beiden Wegen lassen sich Spuren der Trauer von Männern ausmachen.

Edvard Munch hat – wie bei vielen seiner Motive – mehrere Versionen des Bildes angefertigt, zwei große Gemälde im selben Jahr 1893 und zahlreiche Skizzen. Er hat immer wieder am selben Thema gearbeitet, hat sich an prägende Kindheitserfahrungen von Krankheit, Tod und Trauer erinnert, die man heute als traumatisierend bezeichnen würde. Der Künstler ist Trauernder und gewährt in erklärt offener Weise Einblick in seine Trauer als Mann. Das wiederholte Bearbeiten drückt sowohl Munchs kognitives, denkerisch-verstehendes Wollen aus als auch die Umsetzung tiefer Emotionen in künstlerische Aktion. Beides sind Kennzeichen, die im Verständnis von Kenneth J. Doka (siehe Kapitel 1.3.1) eher dem instrumentellen Muster entsprechen. Zugleich spricht die Art und Weise der Malerei Munchs dafür, dass er auch Zugang zu intuitiven Mustern der Trauer hatte, da er seine Gefühlserfahrungen expressiv in Farbe und für seine Zeit ungewohnt dynamisch umzusetzen wusste. Edvard Munchs Malweise dreht sich über sein gesamtes Schaffen um existenzielle menschliche Themen wie Lust, Liebe, Sexualität, Eifersucht, Verzweiflung, Krankheit, Tod und sogar Gut und Böse. Man erkennt darin eine Nähe zu philosophischen Entwürfen seiner Zeit, die aber jeweils mit autobiografischen Erfahrungen verbunden sind, wie auch bei dem Bild, das ursprünglich unter den Titeln »Todeskammer« und »Am Sterbebett« ausgestellt wurde.

Edvard Munch war selbst ein kränkliches Kind; seine Mutter starb an Tuberkulose, als er gerade einmal fünf Jahre alt war. Die Tante Karen Bjølstad zog zur Familie und übernahm die Erziehung der Kinder. Der Vater, ein Arzt bei der Armee und ein tief religiöser Mann, litt deutlich unter der Trauer um seine junge Frau, wandte sich einer angstvollen Religiosität zu, verhielt sich aber seinen fünf Kindern gegenüber höchst ambivalent, zwischen Bereitschaft zu kindlichem Spiel und Gewaltausbrüchen. Neun Jahre später erkrankte die ältere Schwester Sophie ebenfalls an Tuberkulose und bat den Vater und den Bruder innig und vergeblich um Hilfe, Edvard war zu diesem Zeitpunkt 14. Ihr Sterben verarbeitete Munch in vielen Bildern; als der Vater 1889 stirbt, ist Munch 25 Jahre alt, befindet sich im Ausland und erfährt davon durch einen Brief. Dieser Tod wirft ihn in eine tiefe psychische Krise, er hatte sich vom Vater und dessen christlichen Glauben an einen allmächtigen Gott und die Auferstehung zum ewigen Leben klar distanziert. Für einige Zeit war er unfähig, zu arbeiten, schrieb dafür aber viel in ein Tagebuch und beschäftigte sich bei langen Aufenthalten in Paris mit Paul Gauguin und Vincent van Gogh und dem Symbolismus. Aus dieser und späteren Phasen sind gescheiterte Liebesbeziehungen, exzessives Trinken und die Bereitschaft zu gewaltsamen Auseinandersetzungen belegt.

Es ist wohl nicht auszuschließen, dass Edvard Munch neben der eigenen auch durch die Trauer seines Vaters belastet war. Gleichzeitig fand Munch als Künstler zunehmend Beachtung, insbesondere durch eine zum Skandal führende Ausstellung in Berlin. Die Art und Weise, wie er Themen wie Sexualität und Eifersucht, Angst und Tod unverblümt zum Ausdruck brachte,

Abbildung 4: Edvard Munch: Der Tod im Krankenzimmer, 1893

wirkte auf einige Kritiker verstörend, die sich über die unfertig wirkende Pinselführung, die starken Konturen und die Themen aufregten, insbesondere beim Anblick von »Der Tod im Krankenzimmer«. Letztendlich wurde die Ausstellung abgebrochen und führte zur Berliner Sezession. In Berlin ausgestellt war die Version des Bildes, die heute in der Norwegischen Nationalgalerie in Oslo zu sehen ist. Das Bild »Der Tod im Krankenzimmer« zeigt die gesamte Familie Edvard Munchs beim Tod der Schwester Sophie. Dieser ist auch in zahlreichen anderen Bildern immer wieder Thema.

Im Hintergrund, aber nicht zu sehen, ist die sterbende oder verstorbene Schwester Sophie, bei der der Vater (schon fortgeschrittenen Alters) und die Tante Karen stehen. Die Dreiergruppe im Vordergrund besteht aus den Geschwistern Laura, Inger und Edvard. Der Bruder Andreas steht am linken oberen Ende und scheint die Szene verlassen zu wollen. Die Personen sind in dem Alter dargestellt, das sie zum Zeitpunkt des Malens, nicht des ursprünglichen Geschehens hatten. Der Vater ist bereits über drei Jahre tot; es handelt sich also um eine zwar realistisch gemalte, aber dennoch fiktive Szene, die alle Figuren einfriert wie in einer Schlussszene eines Theaterstücks. Auffallend ist, dass zwischen den einzelnen Figuren keinerlei Verbindung besteht, lediglich die Tante hat eine Hand auf den Stuhl der Kranken gelegt. Markant für Edvard Munchs Gestaltungsweise ist, dass er auf jegliches schmückende Beiwerk verzichtet. Es sind lediglich Gegenstände gemalt, die in einem Zusammenhang mit dem Geschehen stehen, wie Bettflasche und Arznei. An der Wand hängt eine schemenhafte Zeichnung des dornengekrönten Christus.

Die beiden Versionen aus demselben Jahr stimmen in Motiv und Bildaufbau überein, unterscheiden sich aber in Farbigkeit und Arbeit mit Schatten. Die Version in der Norwegischen Nationalgalerie verzichtet auf Schatten und ist in deutlich ocker-bräunlichen Tönen gemalt (siehe Abbildung 4), die Version im Munch-Museum in Oslo hat kräftigere Farben, insbesondere die dunkelgrüne Rückwand und die dunklen Gewänder der Personen verstärken, zusammen mit dem Schatten, die drückende Atmosphäre. Die Posen der einzelnen Figuren – vielleicht mit Ausnahme des in Gebetspose verharrenden Vaters – können von den realen Personen getrennt und von den Betrachter*innen für sich gedeutet werden, die auf Augenhöhe in die Szene hineinblicken. Die in sich gekehrte Haltung der im Vordergrund sitzenden Figur, der zur Maske erstarrte Ausdruck im Gesicht, mit dem die aufrecht Stehende den Betrachter oder die Betrachterin anblickt, der vergeblich nach einem Fluchtweg suchende Körper der Figur links im Hintergrund, der in den Innenraum gerichtete Blick des Künstlers selbst: Sie alle bringen individuelles Trauererleben und -verhalten zur Darstellung. Männer können, müssen sich aber nicht mit den drei Männern im Bild identifizieren. Immerhin bieten die drei Männer unterschiedliche Verhaltensmuster an: der vergebliche Aktionismus des Bruders der Verstorbenen, der den Kontakt zu anderen meidet, dessen wenig konkretes Gesicht keine Auskunft über seinen Gemütszustand gibt, dafür aber die Körpersprache umso mehr; in der Mitte der aufrecht stehende Mann, adrett frisiert und gekleidet, um Haltung bemüht, aber vom Betrachter abgewandt; und der ältere, ergraute Mann im Hintergrund, der angesichts der eigenen Hilflosigkeit Zuflucht bei der Religion sucht.

Für die Arbeit in und mit trauernden Männern sind anhand des Munch-Bilds folgende Möglichkeiten denkbar: Bei einer gemeinsamen Betrachtung werden nach einer kurzen Einführung in die Entstehungsgeschichte des Bildes die Betrachter eingeladen, die Gedanken und Empfindungen der einzelnen Figuren in Worte zu fassen. In einem zweiten Schritt kann man fragen: »Welcher Figur fühlen Sie sich nahe, näher als einer anderen?«

Bei Workshops mit Trauerbegleiter*innen und Seelsorger*innen habe ich (T. R.) gute Erfahrungen damit gemacht, die Szene im Raum nachzustellen. Freiwillige lade ich ein, eine der Figuren zu »spielen« und sich entsprechend auf einer mit wenigen Gegenständen (zwei Stühlen, einer Fläche für ein »Bett«, einem Beistelltisch) ausgestatteten »Bühne« aufzustellen. Die anderen Teilnehmenden am Workshop stellen sich im Kreis um die Szene. Eine weitere Person kann als Trauerbegleiter aufgefordert werden, die Szene »zu betreten«: »Sie wurden von der Familie zu einem Besuch gebeten.« Der Auftrag kann dann heißen: »Versuchen Sie, der Familie ein Abschiednehmen zu ermöglichen.« Die Übung beginnt bereits mit der Frage, wie und wen die Begleitperson von den einzelnen Familienmitgliedern begrüßt, sie anspricht und sie in ihrer jeweiligen Situation »abholt«. Wird sie Bewegung und Dynamik in die Gruppe bringen? Als Workshopleitung kann man jeweils »Freeze« rufen, also die Teilnehmenden in der Pose verharren lassen und die Situation damit »einfrieren«. Die einzelnen Figuren bzw. ihre Darsteller*innen können dann jeweils aussprechen, wie sie das Agieren der Begleitperson wahrnehmen. Die Umstehenden schildern das, was sie sehen und wahrnehmen. In einer Männergruppe eignen sich aufgrund der leichteren Identifikation vor allem die drei männlichen Figuren für eine Darstellung. Auf diese Weise können die Teilnehmenden Varianten von Trauerverhalten zum Ausdruck bringen und Begleiter*innen mit unterschiedlichen Impulsen experimentieren. Es ist allerdings durchaus mit starken Emotionen zu rechnen, auf die man vorbereitet sein sollte.

3.3 Arbeit mit Songtexten

Über lyrische Texte ist oben schon einiges gesagt worden. Alltagsweltlich begegnet Lyrik vor allem in der Popmusik, in deutscher ebenso wie in anderen Sprachen. Über Rap und Poetry-Slams sind poetische Verdichtungen von Erfahrungen, Kommentare zu Gesellschaftsfragen bis hin zu ironischer Aufarbeitung von Klischees und Stereotypen längst auch Ausdrucksform einer jungen Generation. Das kann man für die Trauerbegleitung aufgreifen und »Begegnungen im Lesen« möglich machen, die sich als »bibliotherapeutische Zugänge nutzen« lassen (Rechenberg-Winter, 2015, S. 41). Die folgenden Beispiele populärer Poesie in Songtexten entstammen der Lebenswelt unserer Altersklasse (Norbert Mucksch und Traugott Roser, beide Anfang der 1960er Jahre geboren) und sind nur exemplarisch zu verstehen. Die Texte lassen sich in der Begleitung im Sinne einer Begegnung mit der Erfahrung eines anderen Mannes, aber auch »identifikatorisch« lesen, also als gezieltes Nachsinnen darüber, welche eigenen Erfahrungen anklingen, welche Parallelbilder und -situationen beim Lesenden auftauchen, wo Abwehr und Protest hervorgerufen werden. So kann man »das Eigene und das Andere« in der Lyrik entdecken.

3.3.1 »Tears in Heaven« – Eric Clapton

In einem Popsong gab zu Beginn der 1990er Jahre der US-amerikanische Musiker Eric Clapton seiner Trauer Ausdruck. Nachdem sein vierjähriger Sohn Conan durch einen Fenstersturz aus dem 53. Stockwerk eines New Yorker Wohnhauses zu Tode gekommen war, schrieb Eric Clapton noch im selben Jahr eines seiner erfolgreichsten Stücke mit dem Titel »Tears in Heaven« und gab so seiner Trauer in seiner Profession als Musiker Ausdruck. Der Song war in zwanzig Ländern in den Top 10 und gewann in der Kategorie »Song des Jahres« einen Grammy. Bis heute ist dieser Song Claptons erfolgreichste Single. In dem Liedtext besingt Clapton wiederholt die Überzeugung, dass es im Himmel keine Tränen mehr geben werde. Handelt es sich um ein Trostlied? Sicher auch. Den Song aber als reines Trostlied zu bezeichnen, wäre zu kurz gesprungen. Hier hat ein Vater einen Text geschrieben, nicht einmal ein Jahr nach dem Tod seines kleinen Sohnes. Hier hat ein Mann getextet und komponiert, der die Erfahrung machen musste, die für Eltern immer eine extreme Erfahrung bedeutet, nämlich den Tod des eigenen Kindes zu erleben und damit zugleich auch das Durchbrechen der Generationenfolge und eines Lebensgesetzes zu erleiden. Eric Clapton war offensichtlich – auch in seiner Rolle als bekannter Musiker – in der Lage, relativ schnell seiner Trauer Ausdruck zu verleihen mit einem sehr berührenden und emotionalen Text.

Das ist das eine, einen solchen Text für sich zu schreiben. Clapton geht als prominenter Musiker aber weit darüber hinaus, er veröffentlicht diesen Text und geht damit auf die Bühne, auf die Bühnen der Welt. Der Liedtext offenbart einen fragenden Vater, einen leidenden Mann. Der Text trägt viele Fragen in sich, und mit diesen Fragen ist er auch eine Anklage gegen das erlittene Leid. »Wenn ich dich im Himmel sehen würde, würdest du genauso sein?« Nur so können diese Fragen, auf die es ja keine Antworten gibt, verstanden werden. Der Text formuliert auch Zweifel und Unsicherheiten und er beschreibt Wirklichkeiten, die wehtun und die – zumindest für den Moment – nicht geändert werden können. »Ich muss stark sein und weitermachen, weil ich weiß, dass ich nicht dazugehöre. Hier im Himmel« Mit diesen realistischen Worten, die nichts schönreden, endet das Lied von Eric Clapton.

Hier textet und singt ein trauernder Vater nicht einmal zwölf Monate nach dem tragischen Tod seines Sohnes. Hier drückt ein Künstler auf seine individuelle Weise als Mann seinen Schmerz, seine Trauer und auch seine tiefe Verwundung und Hoffnungslosigkeit aus. Bei all dem bringt Eric Clapton aber auch in intensiver Form die Liebe zu seinem verstorbenen Sohn in berührende Worte. Ebenso berührend ist die Musik. Das Stück »Tears in Heaven« kann in der Trauerbegleitung von Männern unter der

Prämisse, dass es sensibel und achtsam eingesetzt wird, möglicherweise ein »Türöffner« sein. In jedem Fall ist es ein weiteres prominentes Beispiel eines Mannes in Trauer und für dessen Umgang mit erfahrenem schweren Leid.

Would you know my name?
If I saw you in heaven
Would it be the same?
If I saw you in heaven
I must be strong
And carry on
'Cause I know I don't belong
Here in heaven
Would you hold my hand?
If I saw you in heaven
Would you help me stand?
If I saw you in heaven
I'll find my way
Through night and day
'Cause I know I just can't stay
Here in heaven
Time can bring you down
Time can bend your knees
Time can break your heart
Have you begging please
Begging please
Beyond the door
There's peace, I'm sure
And I know there'll be no more
Tears in heaven
Would you know my name?
If I saw you in heaven
Would you be the same?

If I saw you in heaven
I must be strong
And carry on
'Cause I know I don't belong
Here in heaven[4]

(Quelle: Musixmatch; Songwriter: Will Jennings/Eric Clapton; Songtext von Tears in Heaven © Blue Sky Rider Songs, E C Music Ltd)

3.3.2 »Der Weg« und »Männer« – Herbert Grönemeyer

In der Popmusik gibt es noch weitere eindrucksvolle Beispiele. Im Jahr 1998 sterben innerhalb weniger Tage sowohl der Bruder von Herbert Grönemeyer als auch seine Frau Anna. Mehr als ein Jahr kann bzw. will Herbert Grönemeyer nicht künstlerisch tätig sein. Gut drei Jahre nach dem Tod seiner Frau und seines Bruders veröffentlicht Grönemeyer sein nächstes Album mit dem Titel »Mensch«. Auf diesem Album findet sich ein Stück mit dem Titel »Der Weg«, welches er seiner Frau Anna gewidmet hat.

---

4 Deutsche Übersetzung (© Blue Sky Rider Songs, E C Music Ltd): Würdest du meinen Namen kennen?/Wenn ich dich im Himmel sehen würde/Wäre es dasselbe?/Wenn ich dich im Himmel sehen würde?/Ich muss stark sein/Und weitermachen/Weil ich weiß, dass ich nicht dazugehöre/Hier im Himmel
Würdest du meine Hand halten?/Wenn ich dich im Himmel sehen würde/Würdest du mir helfen aufzustehen?/Wenn ich dich im Himmel sehen würde/Ich werde meinen Weg finden/Durch Nacht und Tag/Weil ich weiß, dass ich einfach nicht bleiben kann/Hier im Himmel
Die Zeit kann dich zu Fall bringen/Die Zeit kann dir die Knie beugen/Die Zeit kann dein Herz brechen/Dich betteln lassen/Betteln: Bitte!
Hinter der Tür/herrscht Frieden, da bin ich mir sicher/Und ich weiß, dass es keine mehr geben wird/Tränen im Himmel
Würdest du meinen Namen kennen?/Wenn ich dich im Himmel sehen würde/Würdest du derselbe sein?/Wenn ich dich im Himmel sehen würde/Ich muss stark sein/Und weitermachen/Weil ich weiß, dass ich nicht dazugehöre/Hier im Himmel.

Ich kann nicht mehr seh'n, trau' nicht mehr meinen Augen,
Kann kaum noch glauben – Gefühle haben sich gedreht.
Ich bin viel zu träge, um aufzugeben.
Es wär' auch zu früh, weil immer was geht.
Wir waren verschwor'n, wären für einander gestorben,
Haben den Regen gebogen, uns Vertrauen gelieh'n.
Wir haben versucht, auf der Schussfahrt zu wenden.
Nichts war zu spät, aber vieles zu früh.
Wir haben uns geschoben durch alle Gezeiten,
Haben uns verzettelt, uns verzweifelt geliebt.
Wir haben die Wahrheit, so gut es ging, verlogen.
Es war ein Stück vom Himmel, dass es dich gibt.
Du hast jeden Raum mit Sonne geflutet,
Hast jeden Verdruss ins Gegenteil verkehrt.
Nordisch nobel – deine sanftmütige Güte,
Dein unbändiger Stolz. Das Leben ist nicht fair.
Den Film getanzt in einem silbernen Raum.
Vom goldnen Balkon die Unendlichkeit bestaunt.
Heillos versunken, trunken, und alles war erlaubt.
Zusammen im Zeitraffer. Mittsommernachtstraum.
Dein sicherer Gang, deine wahren Gedichte,
Deine heitere Würde, dein unerschütterliches Geschick.
Du hast der Fügung deine Stirn geboten.
Hast ihn nie verraten, deinen Plan vom Glück,
Deinen Plan vom Glück.
Ich gehe nicht weg, hab' meine Frist verlängert.
Neue Zeitreise, offene Welt.
Habe dich sicher in meiner Seele.
Ich trag' dich bei mir, bis der Vorhang fällt.
Ich trag' dich bei mir, bis der Vorhang fällt …
(Text: Herbert Grönemeyer, 2002)

Grönemeyer gibt mit diesem Lied auf seine Weise und mit seinen Talenten seiner individuellen Trauer Ausdruck. Entstanden ist ein tief berührendes Liebeslied, welches zum einen deutlich macht, dass Trauer in erster Linie der Ausdruck von Liebe ist. Zum anderen, dass Trauer wesensmäßig anhaltend ist und nicht abgearbeitet oder abgestreift werden kann. Dies wird vor allem deutlich in der letzten Textzeile: »Ich trag' dich bei mir, bis der Vorhang fällt.« Mit diesem Text öffnet Grönemeyer Türen für trauernde Männer. Und er öffnet Möglichkeiten für trauernde Männer zur Identifikation mit der hier in dichten Worten beschriebenen und besungenen Trauer. Das Nutzen dieses Textes und auch der Musik kann in Trauergruppen für Männer sehr hilfreich sein, um in den so wichtigen Ausdruck von Trauer zu kommen. Dabei ist aber zu beachten, dass die entstehende Emotionalität gut begleitet werden kann und muss.

Im Blick auf Männlichkeitsbilder lohnt es, einen frühen Song aus dem Jahr 1984 anzusehen, in dem Grönemeyer 14 Jahre zuvor die üblichen Klischees besingt. Allerdings kann man bei diesem immer noch populären Lied quasi zwischen den Zeilen Aspekte wahrnehmen, die gerade nicht dem Bild vom harten Mann entsprechen. So heißt es dort, dass Männer heimlich weinen, und auch, dass Männer viel Zärtlichkeit brauchen und dass sie verletzlich sind.

In unserem Kontext ist vor allem die Liedzeile ebenso wichtig wie aufschlussreich, in der Grönemeyer singt, dass Männer »schon als Kind auf Mann geeicht« werden. Mit anderen Worten: Das Klischee vom harten und zumindest nach außen emotionsarmen Mann ist ein Konstrukt bzw. ein Ergebnis von Erziehung, Zeitgeist und Sozialisation.

Männer nehmen in den Arm
Männer geben Geborgenheit
Männer weinen heimlich

Männer brauchen viel Zärtlichkeit
Männer sind so verletzlich
Männer sind auf dieser Welt einfach unersetzlich
Männer kaufen Frauen
Männer stehn ständig unter Strom
Männer baggern wie blöde
Männer lügen am Telefon
Männer sind allzeit bereit
Männer bestechen durch ihr Geld und ihre Lässigkeit
Männer haben's schwer, nehmen's leicht
Außen hart und innen ganz weich
Werden als Kind schon auf Mann geeicht
Wann ist ein Mann ein Mann?
Männer haben Muskeln
Männer sind furchtbar stark
Männer können alles
Männer kriegen 'n Herzinfarkt
Männer sind einsame Streiter
Müssen durch jede Wand, müssen immer weiter
Männer führen Kriege
Männer sind schon als Baby blau
Männer rauchen Pfeife
Männer sind furchtbar schlau
Männer bauen Raketen
Männer machen alles ganz genau
Männer kriegen keine Kinder
Männer kriegen dünnes Haar
Männer sind auch Menschen
Männer sind etwas sonderbar
Männer sind so verletzlich
Männer sind auf dieser Welt einfach unersetzlich
(Text: Herbert Grönemeyer, 1984; Grönland Musikverlag.
EMI Kick Musikverlag GmbH & Co KG)

3.3.3 »Dann mach's gut« – Reinhard Mey

Ein anderes Beispiel aus dem Bereich der Musik findet sich bei Reinhard Mey. Der Liedermacher und Vater hat ebenfalls die Erfahrung machen müssen, dass einer seiner Söhne verstorben ist. Im Alter von 71 Jahren nimmt Reinhard Mey im Mai 2014 von seinem 32-jährigen Sohn Maximilian endgültig Abschied. Sein Sohn hatte zuvor fünf Jahre im Wachkoma gelegen. Bereits in dieser Zeit (2013) schreibt Mey einen Song für seinen Sohn mit dem Titel »Dann mach's gut«. Das berührende Stück ist in drei Teile gegliedert. Im ersten und zweiten Teil erinnert sich Reinhard Mey daran, wie er seinen in Asien lebenden Sohn zum letzten Mal vom Bahnhof abgeholt und wie er ihn zum letzten Mal zum Bahnhof gebracht hat. Im dritten Teil wechselt er in den Konjunktiv und damit in die Sprache der Sehnsucht. Die erste Liedzeile in diesem dritten Teil lautet: »Wenn ich ihn vom Bahnhof abhol'n könnte noch einmal«. Es geht um Sehnsüchte und um ganz viel Zuneigung. Nachfolgend wird in all dem, was er als Vater tun würde, die intensive Liebe zu seinem Sohn deutlich. Liebe als Ausdruck von Trauer und unerfüllten Sehnsüchten.

Ich (N. M.) verstehe das Lied in zweierlei Richtung. Zuerst ist es ein Ausdruck von tiefer Liebe eines Vaters zu seinem Sohn. Ebenso ist auch dieses Lied und sein Text ein kreativer, emotionaler Ausdruck in einer Situation von Trauer. Und es ist ein öffentlicher Ausdruck von Trauer, der im besten Fall auch anderen trauernden Eltern zur Hilfestellung werden kann. Im Nachdenken über ein solches Lied im Kontext der Trauerbegleitung lohnen folgende Impulsfragen: An welche Erlebnisse mit der verstorbenen Person denke ich oft zurück? Was würde ich mit der Person gerne noch tun? Welches Bild kommt mir immer wieder in den Sinn?

Reinhard Mey singt beispielsweise: »Wenn er auftauchte noch einmal vor mir aus der Dämmerung, hielt ich ihn mit beiden Armen fest, meine kostbare Fracht.« Dieses Zitat ist vielleicht ein guter Hinweis darauf, dass das Festhalten von etwas Kostbarem nicht automatisch ein Indiz für eine »anhaltende Trauerstörung« nach ICD-11 ist, sondern ein normales Verhalten nach einem Verlust.

3.3.4 Anregungen für die Praxis – eine Schreibwerkstatt

Die Auseinandersetzung mit Texten aus Popsongs, mit Gedichten oder Poetry-Slams, aber auch mit den Selbstberichten von Trauernden kann sehr anregend sein, um eigene Erfahrungen und Erinnerungen zu Papier und – später vielleicht – zu Gehör zu bringen. Die Literatur zur Durchführung von Schreibwerkstätten oder eines Workshops »kreatives Schreiben« ist endlos und überall gut erhältlich. Auch an Universitäten wie zum Beispiel der Ruhr-Universität Bochum bietet das »Schreibzentrum« regelmäßig Schreibwerkstätten an, um zum kreativen Formulieren allein oder auch in Gruppen anzuregen.[5]

Grundsätzlich sei auf das Buch von Petra Rechenberg-Winter »Leid kreativ wandeln« (2015) verwiesen, das neben einer Einführung auch sehr unterschiedliche, erprobte und gut dargestellte »methodische Werkstatteinblicke« gewährt und Mut macht, »Schreibwelten in der Trauerbegleitung [zu] eröffnen«, indem ganz verschiedene Zugänge und Methoden vorgestellt werden. »Schreiben wirkt!« lautet das Credo des Bandes.

In der Trauerbegleitung empfiehlt es sich, eine Schreibwerkstatt in einem geschützten Rahmen anzubieten, da sowohl der Prozess des Schreibens, des Ringens um Wörter, als auch das Scheitern an scheinbar stockender Kreativität frustrierend und emotional sein können. Es ist wichtig, wie der Raum eingerichtet und gestaltet ist, ob die Teilnehmer allein an Tischen oder in kleinen Gruppen zusammensitzen und wie sie mit Material (ausreichend großformatiges Papier, unterschiedliche Stifte etc.)

---

5 Vgl. https://www.zfw.rub.de/sz/Den%20Schreibprozess%20produktiv%20gestalten (17.08.2022).

versorgt werden. Wörterbücher sind gute Hilfsmittel; funktionierendes WLAN kann helfen, Sachverhalte zu recherchieren.

Sollte ein Text entstanden sein, handelt es sich um ein höchst intimes und privates Gut, das es ebenso zu respektieren und zu schützen gilt wie die Erfahrung, die damit verbunden ist. Deshalb bedarf es einer klaren Vereinbarung, wie die Teilnehmer eingeladen werden, anderen »ihren Text« vorzustellen, selbst vorzulesen oder zu Gehör zu bringen. Mit seinem Text hat der Verfasser unter Umständen bislang Unausgesprochenes zum ersten Mal in Worte gefasst und damit Schmerz, Erinnerung und Trauer gezeigt. Das macht verletzlich und bedarf anerkennender, wertschätzender Gesten. Rechenberg-Winter gibt einige Anregungen auch für das Feedback-Geben bei einem Schreibworkshop (2015, S. 133 ff.). Soll ein Text vorgelesen werden, so kann der Verfasser auch davon absehen, selbst zu lesen, sondern dem Text die Stimme eines anderen geben. So wird er selbst zum ersten Hörer des eigenen Textes, eine in jedem Fall spannende und bewegende Erfahrung.

Noch bevor der Text anderen vorgestellt wird, können die Leiter*innen der Schreibwerkstatt in einem kleinen »Akt« die Texte ihrem jeweiligen Verfasser noch einmal feierlich überreichen und sie ihnen »zueignen«. Damit wird verdeutlicht, dass es sich um einen wertvollen Schatz, ein geistiges Eigentum handelt, das der Verfasser zu späterer Gelegenheit immer wieder lesen oder einem bestimmten Adressaten weitergeben kann.

3.4 Trauern auf der Leinwand – Veranstaltung mit Filmen: »Wie Männer trauern«

Kaum ein Medium ist seit Jahrzehnten so populär wie das Massenmedium Film. Selbst in Zeiten des Internets gehört der Gang ins Kino oder das Schauen von Filmen vom heimischen Sofa aus zu den beliebtesten Freizeitbeschäftigungen. Filme sind populär in ganz unterschiedlichen Milieus; es gibt unzählig viele Genres und Angebote für jedes Publikum, vom Kunstfilm bis zum Blockbuster-Spektakel. Die Internetseite moviepilot.de führt eine Liste mit sogenannten »Männerfilmen«. Es entspricht den Stereotypen, dass darunter kaum romantische Komödien zu finden sind und auch nur weniges, was in Arthouse-Kinos gezeigt wird – es sei denn im Rahmen spezieller Retrospektiven. Unter den Filmen befindet sich Adrenalin- und Testosteronhaltiges wie »Pulp Fiction« (1994) von Quentin Tarantino und Francis Ford Coppolas Mafia-Sage »Der Pate«. Neben Thrillern und Actionfilmen befinden sich Kriegs- und Antikriegsfilme darunter (»Apocalypse Now«, 1979), Italo-Western (»Spiel mir das Lied vom Tod«, 1968, Regie: Sergio Leone) und Science-Fiction-Spektakel wie »Blade Runner« von Ridley Scott (1982). Filme, die speziell für das Zielpublikum »Männer« gemacht sind, spiegeln in der Regel die Vorstellungen von Männlichkeit, die in den kassenstarken Märkten vorherrschend sind; mitunter wirken sie aber auch stilprägend und entwerfen idealtypische Muster männlichen Verhaltens und Umgangs mit Konflikten. Deshalb stellen wir einige Filme gezielt vor, mit denen in der Trauerbegleitung gearbeitet werden kann.

3.4.1 Allgemeine Anregung zur Arbeit mit Filmen

Filme sind – wie Bilder – ein Gesamtkunstwerk. Filme, insbesondere Spielfilme, erzählen einen Plot, der einen Ausgangspunkt hat, einen Spannungsbogen erzählt und in der Regel am Ende eine Auflösung hat. Man kann über einzelne Szenen und Ausschnitte gut reden, sollte dann aber den ganzen Film gesehen haben. Im Übrigen ist es nicht ohne Grund, dass Menschen nach wie vor noch immer in ein Kino gehen, um einen Film zu sehen, selbst wenn über DVD und Streamingdienste alles im eigenen Wohnzimmer oder sogar in einem Gemeinschaftsraum angeschaut werden kann. Im Kino sitzt man gemeinsam mit anderen, ist aber durch einen bequemen Sessel gehalten. Das abgedunkelte Licht schützt davor, beobachtet zu werden, wenn man von Emotionen übermannt wird.

Der zentrale Vorschlag für das Arbeiten mit Filmen in der Trauerarbeit mit Männern ist, gezielt zu Filmabenden einzuladen, am besten verabredet mit einem lokalen Programmkino. Warum nicht eine kleine Filmreihe veranstalten, bei der zu Beginn kurz Regisseur und andere der Filmschaffenden vorgestellt werden und anderes Bemerkenswertes zu Rezeption, Erfolg und Bedeutung des Films vorab gesagt wird. Nach dem Film lohnt es sich, zu einem »Filmgespräch« einzuladen, bei einem Bier, Wein und alkoholfreien Getränken. Wo dies möglich ist, kann man einladen, die eigenen Gedanken und Eindrücke zu schildern: »Ist Ihnen ein Satz im Gedächtnis geblieben, den der Held/die Hauptfigur oder sonst jemand gesagt hat?«, »Welches Bild wird Ihnen im Kopf bleiben, wenn Sie an diesen Film denken?«, »Was hätten Sie am liebsten in die Szene hineingerufen, in der …?«. Ihrer Kreativität sind keine Grenzen gesetzt. Das Beste an einem Filmnachgespräch ist, dass die Zuschauer in ihren Rückmeldungen immer selbst bestimmen dürfen, wie viel sie über den Film reden und dabei gleichzeitig von sich selbst zu erkennen geben.

Die im Folgenden erwähnten Filme geben einen Eindruck von der Vielfalt und Komplexität der Trauer von Männern, ohne diese in gendergerechte Schubladen einordnen zu müssen. In manchen kann man das erkennen, was in der Fachliteratur oder in den Fallberichten bereits beschrieben ist. Aber es finden sich auch ganz neue Motive. Wer sich Zeit nimmt, einen solchen Film zu schauen, lässt sich zumindest für diese Zeit auf die Trauergeschichten dieser Männer ein. Das Kino (auch das Heimkino) kann ein großer Resonanzraum werden, in dem eigene Trauerprozesse dynamisiert werden.

3.4.2 Trauer als Dauerthema in populären Männerfilmen

Da in vielen Filmen Sterben und Tod, Abschied und Trennung vorkommen, gibt es auch (meist kurze und schnell vorübergehende) Momente, in denen der Protagonist oder »Held« trauern darf. Trauer hat in manchen Filmen sogar eine den Plot auslösende oder vorantreibende Funktion wie zum Beispiel im Sandalenfilm »Gladiator« (USA, 2000, Regie: Ridley Scott): Der titelgebende Protagonist Maximus trauert zuerst um den väterlichen Freund Marc Aurel, der ihn zum Nachfolger als Imperator bestimmen wollte, dann um Frau und Sohn. Alle werden ermordet. Nahezu gefühllos geworden, schwört er dem Mörder Rache. Die Bilder in der Schlusssequenz des Films führen zu einer Wiedervereinigung mit der geliebten Familie im Jenseits und zu einer monumental inszenierten Trauerfeier für den Gladiator als Retter der Idee eines gerechten Imperiums. Das Verhaltensmuster des Gladiators Maximus ließe sich als extreme und stark körperliche Form instrumenteller Trauer beschreiben.

3.4.3 Körperbasierte Trauerarbeit

Eine ganz andere Art und Weise der Trauer eines kriegsgeschädigten Mannes schildert der deutsche Fußballfilm »Das Wunder von Bern« (Deutschland, 2003). Der Regisseur Sönke Wortmann erzählt darin, wie der Kriegsheimkehrer Richard Lubanski, gespielt von Peter Lohmeyer, durch seine Erlebnisse an der Front und in russischer Gefangenschaft traumatisiert, nicht mehr in die neue Welt der Nachkriegszeit zurückfindet. Lubanski ist aber nur die Nebenfigur des Films, der Protagonist ist sein jüngster Sohn, der den Vater eigentlich erst nach dessen Rückkehr kennenlernt und durch die unbewältigten Traumata des Kriegsheimkehrers in Mitleidenschaft gezogen wird. Vater und Sohn scheinen den Kontakt zueinander vollends zu verlieren, stehen einander sprachlos gegenüber. Der Vater fürchtet, seine Familie zu verlieren, und sucht nach einer Lösung, indem er sich an den Ortspfarrer wendet. Im vertraulichen Gespräch in der Kirche (h1:min07 bis h1:min09) kommt es zur entscheidenden Wende. Nach einem kurzen Fußballgeplauder geht es schnell zur Sache: Richard erfährt, dass es nicht nur ihm, sondern vielen anderen Heimkehrern so gehe – die Trauer wird »normalisiert«. Der Regisseur wendet einen großartigen Kunstgriff an, indem er das Seelsorgegespräch langsam ausblendet und zeigt, wie Richard Lubanski mit einem Fußball seine eigene körperliche Beweglichkeit wiederfindet und ihm ein Fallrückzieher-Tor gelingt (h1:min09:sek15). Ab diesem Moment gewinnt er neues Selbstvertrauen und kann in der gemeinsamen Begeisterung für die Fußballweltmeisterschaft eine neue Basis des Umgangs mit seinem Sohn finden. Nicht das tränenreiche Gespräch ist die Schlüsselsequenz, sondern das körperliche Agieren, das schließlich auch zu einer Sprachfähigkeit führt.

Die Traumata des Krieges sind auch Thema im Film »The Straight Story – Eine wahre Geschichte« von David Lynch aus dem Jahr 1999, insbesondere im »Männergespräch« ab h1:min12 (bis h1:min18).

3.4.4 Aus dem Leben geworfen

Wie Trauer nach dem tragischen Tod eines Kindes durch einen Unfall einen Mann ganz aus seiner Lebensbahn werfen kann, erzählt der Film »Manchester by the Sea« von Kenneth Lonergan aus dem Jahr 2016. Die Neue Zürcher Zeitung formulierte treffend: »›Manchester by the Sea‹ ist ein ›Männerfilm‹, der jenseits aller Stereotype auskundschaftet, was es heisst, ein Vater, Freund, Bruder und auf eine sehr männliche Weise einsam zu sein« (Köhler, 2017). Lee (gespielt von Casey Affleck) wird nach dem Tod seines Bruders gebeten, die Vormundschaft für seinen pubertierenden Neffen zu übernehmen und von Boston nach Manchester zu ziehen. Lee verdient seinen Lebensunterhalt in Boston als Hausmeister ohne jegliche Leidenschaft, während der

Bruder als Fischer in Schottland gearbeitet hatte. Lee sträubt sich gegen die Verantwortung. Immer wieder bricht er in Trink- und Schlägerei-Exzesse aus. In Rückblenden wird deutlich, dass Lee einst glücklich in Manchester gelebt hatte, mit seiner Frau Randi und drei kleinen Kindern. Als er eines Nachts unter Drogeneinfluss mit Freunden Bier holen ging und währenddessen die Holzheizung außer Kontrolle ließ, ging sein Haus in Flammen auf; die schlafenden Kinder kamen ums Leben, Randi überlebte und trennte sich von Lee, der das Land und seine Vergangenheit hinter sich lassen wollte und am Ende völlig stumpf geworden zu sein scheint. Der erschütternde, zwischendrin auch tragikomische Film beschreibt, wie Lee eine neue Chance erhält; aber er vermeidet sowohl ein erlösendes Ende als auch eine Tragödie am Schluss; das Leben geht einfach weiter, aber es gibt seelische Schmerzen, die man nicht mehr loswird.

3.4.5 Trauer als fremdartige Lebensbedrohung

Auch in Science-Fiction-Filmen kann die Trauer eines Mannes zum geheimen Leitmotiv werden. Der Alien-Thriller »Signs – Zeichen« von M. Night Shyamalan (der Regisseur wurde durch seinen Mystery-Thriller »Der sechste Sinn« mit Bruce Willis bekannt – auch das ein Film mit Trauer um das eigene Leben) greift die mysteriösen Kornkreise auf und erzählt von der Invasion Außerirdischer. Eine kleine Bauernfamilie, die im Mittleren Westen der USA umgeben von Maisfeldern lebt, sucht im Keller des Hauses Zuflucht. Joaquin Phoenix spielt den jüngeren Bruder Merrill von Graham Hess, einem Witwer, der seine zwei Kinder nach dem Unfalltod seiner Frau allein erzieht. Beide Kinder leiden seit dem Tod der Mutter unter gesundheitlichen Problemen; Merrill versucht, dem Witwer zu helfen, Farm und Familie durchzubringen. Als sie im Keller eingesperrt sind und die fremden Wesen einzudringen versuchen, müssen die vier eine Überlebensstrategie entwickeln. Der Älteste bemüht sich, dem jüngeren Bruder und den Kindern Hoffnung und Vertrauen zu geben, muss aber eingestehen, dass er selbst seinen Glauben verloren hat. Bis zum Tod seiner Frau war er Pfarrer gewesen; in einer Unfallnacht wurde er notfallmäßig an den Unglücksort gerufen und fand seine Frau eingeklemmt zwischen dem Unfallwagen und einem Baum lebend; die Polizeikräfte erklärten ihm, dass eine Rettung ausgeschlossen ist (h1:min23). Nachdem er ihr nicht helfen konnte, gab er seinen Beruf auf und zog sich auf die Farm zurück. Der jüngere Bruder richtet sich im Zufluchtsraum des Kellers an ihn und erinnert ihn an seine Rolle in der Familie und im Beruf: »Wenn ich eines nicht verkrafte, dann ist es mein Bruder, der alles ist, was ich sein will, der seinen Glauben an das Leben verliert« (h1:min25).

Konfrontiert mit dem, was sein Verhalten bei anderen auslöst, findet Graham, betont maskulin dargestellt von Mel Gibson, zu alter Stärke und ist endlich in der Lage, sich der Erinnerung an den Abschied von seiner Frau zu stellen (h1:min30). Sie hatte ihm ihren Tod als »vorbestimmt« beschrieben. Gemeinsam mit den anderen kann er nun endlich ein eindringendes Alien besiegen, als es im Begriff ist, eines seiner Kinder zu töten. Letztlich erklärt er sich seine Situation als Schicksal, das Überleben der Kinder ebenso wie den Tod der Frau, und findet damit neu zum alten Glauben. In der Schlusssequenz des Films ist Graham wieder im Kollarhemd zu sehen, als er von Neuem seinen Dienst als Pastor antritt.

»Signs« ist ein klassischer Hollywood-Action-Film, der durch großartige Schauspieler, Spannungsaufbau und eine Wiederherstellung der bedrohten Welt den Sehgewohnheiten eines breiten Zielpublikums entspricht. Die Trauer wird als Eindringling und Bedrohung verstanden, der sich ein Mann entgegenstellen muss. Die Darstellung des als Mad-Max bekannten Mel Gibson macht es aber möglich, sich auf die tiefe existenzielle Lebenskrise des Protagonisten einzulassen. Dass die Nebenfigur Merrill ihn schließlich mahnt, seine soziale Rolle wieder zu übernehmen, kann als ein Verhaltensmuster verstanden werden, wie es in Studien für Witwer häufig belegt ist. Am Ende ist es ein Buddy-Movie, der zeigt, dass Beziehungen auch als Freundschaft sinnstiftend und lebenserhaltend sein können. In diesem Sinn eignen sich für ein Nachgespräch zwei Frageimpulse: »Kennen Sie das Gefühl, in Ihrer Trauer zum Alien geworden zu sein oder sich wie in einem Keller verschanzt zu haben?« und »Gab und gibt es für Sie einen Freund oder eine Freundin, der oder die Sie an Ihre Aufgabe im Leben erinnert hat, vielleicht sogar mit harschen Worten?«.

3.4.6 Vom Zyniker zum Liebhaber des Lebens

Zwei Netflix-Serien bieten unseres Erachtens einen humorvollen und dennoch gehaltvollen Blick auf die Trauer von Männern. In »The Kominsky Method« ist es der alternde Schauspiellehrer Sandy Kominsky, mit einer gehörigen Portion Selbstironie von Michael Douglas gespielt, der sich seines besten Freundes Norman (gespielt von Alan Arkin) annimmt, eines steinreichen Produzenten und Schauspielagenten, dessen Frau nach langen und glücklichen Ehejahren an Krebs stirbt. Drei Staffeln der von Chuck Lorre geschaffenen Serie veröffentlichte der Streamingdienst Netflix seit 2018. Dass Michael Douglas selbst schwer an Krebs erkrankt war, verleiht der Serie einige Glaubwürdigkeit im Umgang mit Trauer und mit Ängsten vor eigener Krankheit, etwa wenn bei Sandy ein Prostata-Karzinom diagnostiziert wird. Gezielt ironisch wird mit Trauerklischees gearbeitet, wenn beispielsweise sämtliche Stufen der Trauer nach Elisabeth Kübler-Ross in einer Episode »abgearbeitet« werden, das Thema »Sex« nicht nur in Zeiten der Trauer, sondern auch mit medikamentöser Unterstützung eingeflochten wird oder es mit der geschiedenen Ex-Frau eine Versöhnung gibt, als diese selbst sterbenskrank ist (die Ehefrau wird von Kathleen Turner gespielt, die mit Michael Douglas sehr erfolgreich einen »Rosenkrieg« auf die Leinwand gebracht hatte). »The Kominsky Method« ist eine Liebeserklärung an das Leben auch im Alter, trotz Scheitern, Scheidungen und Sterben, klug und voller Humor.

Ganz anders geht die britische Comedyserie »After Life« von und mit dem Komiker Ricky Gervais mit der Trauer eines Witwers um. In jeweils recht kurzen Episoden erzählt die Serie seit 2019 in mittlerweile drei Staffeln (mit jeweils sechs Episoden), wie der Kleinstadtjournalist Tony nach dem überraschenden Tod seiner Ehefrau auf die Welt und vor allem seine Mitmenschen pfeift. Eigentlich würde er sich lieber umbringen, aber da er seinen an Demenz erkrankten Vater weiterhin besuchen will, der ihn nicht mit Gesprächen und Tröstungsversuchen nerven kann, und zudem seinen Hund versorgen muss, entscheidet er sich, zumindest vorerst, am Leben zu bleiben. Er will nur das tun, wobei er Spaß hat; allerdings hat er an nichts Spaß und beginnt deshalb jeden Tag schon genervt und müde. In der Redaktion der Gratis-Werbezeitung hat er es mit wenig hellen Köpfen zu tun, die ihn und seine miese Laune aber dennoch ertragen. Denn Tony ist wirklich ein Ekel gegenüber anderen, weil er meint, auf nichts und niemanden Rücksicht nehmen zu müssen. Zu sehr fühlt er sich durch den Verlust gekränkt.

Die Serie lebt davon, dass die Sinn- und Belanglosigkeit des Alltags, wie sie manche Trauernde empfinden, auch tatsächlich so ist, auch wenn die Mitmenschen mitunter sympathisch sind. Sie bieten keinen Trost und auch keine wirkliche Motivation weiterzuleben. Lediglich in Videoaufnahmen seiner Frau findet Tony Zuspruch und Halt – und in den Gesprächen, die er auf dem Friedhof, gegenüber vom Grab seiner Frau, mit der geduldigen Witwe Anne (Penelope Wilton, bekannt aus der britischen TV-Serie »Downtown Abbey«) führt. Sie weiß um seinen Schmerz und erkennt, dass in ihm ein liebenswerter, verletzter Mann steckt, der Zeit und ein offenes Ohr, aber keine guten Ratschläge braucht. Bei allem Humor meint es die Serie, vor allem in den ersten beiden Staffeln, immer ernst mit dem Phänomen der Trauer und verzichtet auf einen überzogenen Lernprozess des Protagonisten. Gerade dies führt dazu, dass allem Zynismus immer eine Liebeserklärung an das Leben, so wie es ist, zugrunde liegt.

Beide Serien eignen sich gut dafür, sich einzelne Sätze zu merken und nach dem Film wiederzugeben. Dafür könnte man auch ein Plakat an eine Pinnwand heften oder eine feste Papierdecke über einen Tisch ziehen, auf der diese Zitate und Wortschnipsel aufgeschrieben werden. Dazu kann man in einem Schreibgespräch Kommentare eintragen.

3.4.7 Trauer als Weg der Entscheidung

Das Weg-Motiv begegnet in Filmen meist im Genre des Roadmovie. Kurz vor Fertigstellung dieses Buches kam ein sehr berührendes und stellenweise sehr witziges Beispiel dafür in die (Programm-)Kinos, das von den Trauerwegen eines neunzigjährigen Witwers (nach siebzig Jahren Ehe!) per Regionalbus erzählt: »Der Engländer, der in den Bus stieg und bis ans Ende der Welt fuhr« (Originaltitel »The Last Bus« wurde hier sehr unglücklich übersetzt). Der Engländer Tom fährt mit der Asche seiner verstorbenen Frau an den Ort, an dem sie ihre Hochzeitsreise verbracht haben, nach Land's End in Schottland. Damals fuhren sie von dort im Bus an ihren Wohnort, nun geht es in umgekehrter Richtung zurück. Klar, dass Erinnerungen wach werden. Aber Tom muss sich im öffentlichen Nahverkehr (der ja auch in die Ferne führt, wenn man es richtig plant) mit der Gegenwart und seinen Zeitgenossen herumplagen und sich entscheiden, was jetzt sein eigener Weg ist, auch ohne seine Frau.

Der dänische Film »Italienisch für Anfänger« (2000, Regie: Lone Scherfig) projiziert konkurrierende Möglichkeiten, auf den Tod des geliebten Ehepartners zu reagieren, auf zwei Witwer: den jungen Pastor Andreas (gespielt von Anders W. Berthelsen) und seinen Vorgänger, Pastor Wredmann (gespielt von Bent Mejding). Andreas wird als Vertretung in die Gemeinde des psychisch angeschlagenen Pastors Wredmann geschickt, als dieser wiederholt auf der Kanzel ausfällig wird. Andreas, sehr unsicher in seinem Auftreten und seinem Beruf, lässt sich auf die neue Aufgabe ein. Bei seiner ersten Predigt (min13) ist der Vorgänger in der Kirche, der Andreas gleich zu Beginn unterbricht. Andreas stößt zu einer Gruppe, die in der Volkshochschule einen Italienisch-Kurs macht; jede und jeder in der Gruppe wirkt verloren, einige erleben ebenfalls Verlust- und Trauergeschichten. Pastor Andreas kann sich mit seiner Unsicherheit dort gut einfügen. Gegen Ende des Films (h1:min23) kommt es zu einer erneuten Begegnung mit dem Vorgänger, als Andreas ihn an Weihnachten zu Hause besuchen möchte. Der alte Pastor äußert in einer wütenden Tirade seinen gesamten Hass auf die Mitmenschen, Gott und die Welt. Die Idealisierung seiner verstorbenen Frau führt zu einer übersteigerten Stilisierung des eigenen Schmerzes, während Andreas seiner eigenen Trauer durch vorsichtige Schritte in ein neues Leben auf die Spur kommen und mit ihr leben will. Er lässt sogar vorsichtig Gefühle für eine junge Frau zu, die ebenso verletzlich ist wie er. Symbol für ein mögliches neues Leben ist der Plan, gemeinsam nach Venedig zu reisen. »Italienisch für Anfänger« ist mit sehr wenig filmischer Technik erzählt und wirkt dadurch lebensnah, auch in der Weise, wie die Charaktere gezeichnet sind. Er stellt ohne Wertung verschiedene Muster vor, wie Menschen, Frauen und Männer, auf Verluste reagieren, und behält dabei durchgängig Leichtigkeit, trotz intensiver emotionaler Momente. Er zeigt in dänischer Nüchternheit, dass auch trauernde Männer in der Lage zu Empathie und Liebe sind.

In einem Nachgespräch kann die Haltung des alten Pastors noch einmal aufgegriffen werden, durchaus in einer wertschätzenden Weise, denn sie beschreibt ja auch, wie ein Mann, der eigentlich Hoffnung, Zuversicht und Trost zur Berufsaufgabe hat, seinen Halt und sein Sinnsystem verliert. Auch dies ist vielleicht eine Erfahrung, die manche Zuschauer kennen. Ergänzen lässt sich die Frage, wie es dem jungen Pastor Andreas gelingt, weiterzumachen.

3.4.8 Trauer um ein erwachsenes Kind

2001 gewann der italienische Regisseur Nanni Moretti mit seinem Film »Das Zimmer meines Sohnes« die Goldene Palme von Cannes. Eine bürgerliche und eigentlich intakte Kleinfamilie droht am Unfalltod des Sohnes Andrea zu zerbrechen. Der Film erzählt ganz aus der Perspektive des Vaters, der sich die Schuld am Tod des Sohnes gibt, weil er wegen seiner Arbeit als Psychoanalytiker nicht mit dem Sohn zum Tauchen gefahren war. Unzählige Male malt er sich aus, wie es anders ausgegangen wäre, hätte er sich anders entschieden. In seinen Selbstvorwürfen verkapselt er sich völlig, wird unfähig zu arbeiten und unfähig zur gemeinsamen Trauer mit Frau und Tochter. Durch eine Brieffreundin Andreas, die von seinem Tod noch nichts weiß, erhält die Familie Einblick in die Innenwelt des Sohnes, das besagte »Zimmer des Sohnes«. Wie bei dem im Abschnitt über das Pilgern schon genannten Film »Dein Weg« (siehe Kapitel 1.4.2) lernt der trauernde Vater sein erwachsenes Kind erst nach dessen Tod kennen, kann aber den Verlust letztlich nicht wieder gutmachen. Der Film ist in seiner zurückhaltenden Erzählweise dem dänischen Film nicht ganz unähnlich; besonders stark sind erinnernde Rückblenden von glücklichen Zeiten, ein Motiv, das in der Fallschilderung der Trauer nach Scheidung (vgl. Kapitel 2.7) ähnlich berichtet wird.

Mit dem Film lässt sich ein Impuls verknüpfen, gezielt nach Fotos und Videos zu suchen und sie in einer Runde zu zeigen. Mit den Fotos kann erzählt werden, wer die verstorbene Person war und was man vielleicht erst später, nach ihrem Tod, von ihr neu verstanden hat.

3.4.9 Die Trauer eines Sohnes

Die Trauer eines Sohnes um seine Eltern ist vielfach Thema in Filmen – in den Harry-Potter-Filmen gar ein tragendes Motiv –, das sich mit dem Älterwerden des Helden verändert und entwickelt. Bewegend dargestellt wird kindliche Trauer zudem in der Verfilmung der Kindheitserinnerungen des Komikers Hape Kerkeling »Der Junge muss an die frische Luft« (2018, Regie: Caroline Link), der in diesem Film erstmals offen vom Suizid seiner Mutter erzählt, den er – neben ihr im Bett schlafend – unmittelbar mitbekommen hatte. Hans-Peter (gespielt von Julius Weckauf) erlebt das psychische Leiden seiner Mutter (Luise Heyer) hellwach mit und versucht, sie durch Witz und Clownereien immer wieder aufzuheitern. Aber er kann die Krankheit ebenso wenig aufhalten wie die lebendige und innig verbundene Familie, die den Jungen nach dem Tod der Mutter behütet und auf seinem Werdegang unterstützt. Der Film, wie das Buch, erzählt vom Überlebenswillen, vom Witz und der Resilienz eines heranwachsenden Sohnes, vermeidet jedes melodramatische Klischee, ohne den Abgrund von Trauer und Leid zu übertünchen. Dem Tod kann man nur ins Gesicht lachen, aber überwinden kann man ihn letztlich nicht.

Mit Witz und Zartgefühl erzählt auch der japanische Film »Nokan – Die Kunst des Ausklangs« (2008, Regie: Yojiro Takita) vom langen Trauerweg des jungen und erfolglosen Cellisten Daigo (gespielt von Masahiro Motoki). Um sich und seine Frau ernähren zu können, nimmt er eine Stelle bei einem Leichenwäscher und Einbalsamierer an und lernt von seinem Lehrmeister die Kunst, Tote so ansehnlich aufzubahren, dass die Angehörigen ohne Scheu und Scham von ihnen Abschied nehmen können – und sich dabei miteinander versöhnen. Kurz nachdem er erfahren hat, dass seine Frau schwanger ist, erhält Daigo die Nachricht, dass sein Vater gestorben sei, zu dem er seit seiner Kindheit keinen Kontakt mehr hatte. Der Vater hatte die Familie verlassen und

Daigo ging davon aus, dass er dem Vater nichts bedeute. Als er erlebt, dass die Bestatter seinen Vater ohne jeglichen Ritus beseitigen wollen, übernimmt er auf Anraten seiner Frau die rituelle Versorgung des toten Vaters. In der Hand seines Vaters findet er einen glatten Kieselstein, den er ihm als kleines Kind geschenkt hatte. Während des körperlichen Rituals der Reinigung, des Rasierens und Ankleidens des Toten nähert sich der Sohn dem Vater an und wird bereit, nun selbst die Vaterrolle zu übernehmen. Der Film »Nokan« hat rührselige Momente und führt die Kraft von Ritualen, den Trost der Körperlichkeit und die Würde auch gescheiterter Biografien vor Augen. Auch Väter bleiben immer Söhne und verlieren die Sehnsucht nach einem liebevollen Vater selbst dann nicht, wenn sie diesen schon lange verloren haben.

Vor allem der japanische Film bietet eine gute Gelegenheit, in einem Nachgespräch von der Trauerfeier, den Ritualen des Abschiednehmens und eventuell der Pflege des Grabes zu erzählen. Hier bieten sich viele Möglichkeiten an, die nachwirkende Bedeutung von Ritualen, Bestattung und Gedenksymbolen zu erkunden.

3.4.10 Trauer unter tabuisierten Umständen

Als belastender Faktor, der Trauer anhaltend in besonderer Weise erschweren kann, gelten Umstände des Todes eines nahestehenden Menschen, die sozial tabuisiert oder mit Gefühlen von Scham und Schuldzuweisungen besetzt sind, wie Suizid, Drogentod oder Mord. In zwei Filmen ist der amerikanische Komiker Robin Williams als verzweifelnder Witwer zu sehen, der mit dem gewaltsamen Tod seiner Frau nicht zurechtkommt. Im Film »König der Fischer« (1991, Regie: Terry Gilliam) spielt Williams einen traumatisierten Obdachlosen, der den Tod seiner Frau bei einem Restaurantbesuch miterleben musste, als ein Amokläufer das Lokal betrat und wild um sich schoss. Um den ständig wiederkehrenden Flashbacks zu entkommen, flüchtet er sich in eine illusionäre Fantasiewelt um Ritter Lanzelot und den Heiligen Gral.

Im bildgewaltigen Drama »Hinter dem Horizont« von Vincent Ward (1998) stellt Williams den Ehemann und Familienvater Chris dar. Die beiden Kinder sterben bei einem Autounfall, Chris wenig später bei einer Karambolage. Aus dem Jenseits bemüht sich Chris, seine Frau auf ihrem Trauerweg zu unterstützen, scheitert aber an ihrer zunehmenden Depression. Als sie sich in ihrer Verzweiflung das Leben nimmt, verliert er den Kontakt zu ihr und beginnt, sie wie Orpheus, der Held des antiken Mythos, durch alle Vorhöllen und Höllen zu suchen. In der Hölle der Selbstmörder schließlich findet er sie und kämpft um ihre Erlösung. Der überbunte und melodramatische amerikanische Film wagt sich zumindest an die Frage, was aus den Toten und den Trauernden wird, die nicht im Frieden auseinandergehen konnten. Das versöhnliche Ende täuscht nicht über die beißenden Fragen und Ängste hinweg. Dass der Schauspieler Robin Williams selbst unter schweren Depressionen litt und seinem Leben selbst ein Ende setzte, verstärkt diesen Eindruck.

»Brokeback Mountain« (2005) unter der Regie des taiwanischen Filmemachers Ang Lee zeigt in einer Sequenz zum Ende des Films (h1:min58–h2:min02) die schmerzhafte und lange unterdrückte Trauer eines verdeckt schwulen Mannes, Ennis (gespielt von Heath Ledger), der als Cowboy seinen Lebensunterhalt verdient und dessen geheime Liebe Jack (gespielt von Jake Gyllenhaal) durch einen Hassmord ums Leben gekommen ist. Ennis hatte es nie geschafft, sich offen zu Jack zu bekennen. Nach dessen Tod besucht er Jacks Eltern, findet aber auch jetzt nicht die richtigen Worte. Die Mutter lässt ihn allein in Jacks Zimmer, wo er das Hemd und die Jeansjacke Jacks mit Spuren von dessen Blut findet und an sich nimmt. Es ist das Einzige, was ihm bleibt und wozu er Zugang hat, mehr Zugang als zu seinem eigenen Empfinden.

4 Nachbetrachtung

Als Monika Müller, Herausgeberin der »Edition Leidfaden«, auf uns beide, Norbert Mucksch und Traugott Roser, mit der Anfrage zukam, ob wir nicht gemeinsam ein Buch über Männertrauer schreiben wollten, sagten wir spontan zu. Wir kennen uns aus der Arbeit in der Hospizbewegung und in der Trauerbegleitung. Dass wir in derselben Region wohnen, war ein Vorteil. Der Prozess des gemeinsamen Schreibens, vom ersten Gedankenaustausch bis zur Kenntnisgabe und zur Überarbeitung erster Textentwürfe war produktiv, aber fordernder, als wir ursprünglich annahmen. Einerseits mussten wir uns intensiv mit Genderdiskursen auseinandersetzen und unsere eigene Position dazu klären. Andererseits führten uns die Gespräche und Mailkontakte mit unseren »Expert*innen«, die von ihren eigenen Erfahrungen erzählten, mitten hinein in die Tiefen von Trauer. Nicht zuletzt landeten wir bei unseren eigenen Erfahrungen mit Verlust und Trauer, aber auch mit dem je eigenen Umgang damit.

Die Erfahrung, dass unsere Gesprächspartner*innen und Erzähler durch die Gespräche oder das Verfassen eines Textes noch einmal intensiv in ihr Trauererleben zurückgekehrt sind und sich dabei auch als vulnerabel gezeigt haben, hat uns beim Schreiben sehr beschäftigt. Auch wenn wir sie hier nicht ausdrücklich namentlich nennen (wegen teilweiser Pseudonymisierung), sei ihnen an dieser Stelle noch einmal von Herzen gedankt, nicht nur für ihre Erzählungen, sondern auch für die Gespräche, die wir mit ihnen führen durften. Wir haben viel von ihnen gelernt, das uns über dieses Buch hinaus wertvoll geworden ist.

Unsere Vermutung, dass es *die* Männertrauer nicht gibt, Männer schon gar nicht »anders« trauern, hat sich bestätigt. Und trotzdem können wir uns – beide Autoren sind ja Männer – von Bildern und Vorstellungen männlichen Verhaltens in Trauersituationen nicht frei machen. Auch hier sind und bleiben wir Lernende. Hilfreich haben sich dabei sowohl die Texte von Gerald Hüther als auch die Forschungen von Kenneth J. Doka erwiesen.

Danke an die Gesprächspartner*innen, an Monika Müller, die uns das Thema anvertraut, aber auch aufgetragen hat, und an Ulrike Rastin und Günter Presting von Vandenhoeck & Ruprecht, mit denen wir schon lange zusammenarbeiten dürfen. Dank auch an alle, die in unterschiedlicher Weise zum Entstehen dieses Buches beigetragen haben: Katrin Burja, Malena Tara und Ira Weber haben beim Korrekturlesen nicht nur Fehler ausgebessert und die Film- und Literaturangaben geprüft, sondern wichtige Hinweise zu Gendertheorie und aktuellen Diskursen gegeben. Unseren Partner*innen danken wir, dass sie über die gesamte Projektphase hinweg Anregungen gaben und uns emotional unterstützten.

Quellen

Literatur

Asselmann, E., Specht, J. (2020). Till death do us part: Transactions between losing one's spouse and the Big Five personality traits. Journal of Personality, 88, 659–675. Doi: 10.1111/jopy.12517.

Augustinus, A. (1988). Bekenntnisse, 4. Buch, 4. Kapitel (5. Aufl.). München: Deutscher Taschenbuch-Verlag.

Aurnhammer, K. (2019). Etwas von dir bleibt. Was ich als Sterbebegleiter über das Leben gelernt habe. München: mvg.

Cadell, S., Reid Lambert, M., Davidson, D., Greco, C., Macdonald, M. E. (2022). Memorial tattoos: Advancing continuing bonds theory. Death Studies, 46 (1), 132–139. Doi: 10.1080/07481187.2020.1716888.

Casper, C., Rothermund, K. (2012). Gender self-stereotyping is context dependent for men but not for women. Basic and Applied Social Psychology, 34, 434–442. Doi: 10.1080/01973533.2012.712014.

DHPV – Deutscher Hospiz- und Palliativverband e. V. (2021). Handreichung Kulturen der Trauer. Berlin: DHPV.

Doka, K. J. (2000). Men don't cry ... women do: Transcending gender stereotypes of grief. Philadelphia: Brunner/Mazel.

Doka, K. J., Martin, T. L. (2010). Grieving beyond gender: Understanding the ways men and women mourn (2nd ed.). New York u. London: Routledge.

Förster, F., Pabst, A. et al. (2019). Are older men more vulnerable to depression than women after losing their spouse? Evidence from three German old-age cohorts (AgeDifferent.de platform). Journal of Affective Disorders, 256, 650–657.

Fried, E. (2021). Gedichte (21. Aufl.). München: Deutscher Taschenbuch-Verlag.

Funk, W. (2018). Gender Studies. Paderborn: UTB.

Grützner, F. (2018). Trauer und Bewegung – Von der Kraft der Körperlichkeit. Göttingen: Vandenhoeck & Ruprecht.

Guggenbühl, A. (2013). Rückzug, saufen oder reden? Trauerreaktionen bei jungen Männern. Leidfaden, 2, 35–38.

Hüther, G. (2016). Männer: Das schwache Geschlecht und sein Gehirn (2. Aufl.). Göttingen: Vandenhoeck & Ruprecht.

Jung-Henkel, B. (2010). Die Trauer ist der Trauernden einziger Trost. Praxis Palliative Care, 9, 36 f.

Kachler, R. (2015). Meine Liebe findet dich. Der Wegweiser für Trauernde. Stuttgart: Kreuz.

Kaminski, M. (2020). Pilgern mitten im Leben: Wie deine Seele laufen lernt. Freiburg: Herder.

Köhler, A. (2017). Die Vergangenheit ist nicht vorbei. NZZ, 31.01.2017.

König, A., Kusch, G. (2021). Die Bibel sportlich nehmen. Mit Martha und Mose in Balance. Göttingen: Vandenhoeck & Ruprecht.

König, R. (1999). Superparadise. Hamburg: Männerschwarm.

Kühn, E. (2020). Körpergedächtnis: Negative Gefühle durch positive bekämpfen. Interview auf Deutschlandfunk Nova. https://www.deutschlandfunknova.de/beitrag/körpergedächtnis-so-speichern-wir-berührungen-ab (30.05.2022).

Lammer, K. (2014). Trauer verstehen (4. Aufl.). Berlin: Springer.

Lammer, K. (2020). Wie Seelsorge wirkt. Stuttgart: Kohlhammer.

Lehner, E. (2013). Trauern Männer anders? Perspektiven aus Geschlechter- und Trauerforschung. Leidfaden, 2, 18–22.

Mädler, I. (2009). Grenzüberschreitung als Phänomen populärer Kultur. Die Tätowierung als Arbeit an der Grenze. In F. Schweitzer (Hrsg.), Kommunikation über Grenzen (S. 710–723). Gütersloh: Gütersloher Verlagshaus.

Mitscherlich, A., Mitscherlich, M. (1967). Die Unfähigkeit zu trauern. Grundlagen kollektiven Verhaltens. München: Piper.

Moeller, M. L. (2019). Die Wahrheit beginnt zu zweit. Das Paar im Gespräch (19. Aufl.). Reinbek: Rowohlt.

Moynihan, C. (1998). Theories in health care and research. Theories of masculinity. British Medical Journal, 317, 7165, 1072–1075.

Mucksch, N. (1991). Klientenzentrierte Trauerbegleitung als Tätigkeitsfeld sozialer Arbeit. Münster: Lit.

Mucksch, N. (2017). Frieden schließen. Die Bedeutung der Versöhnung in der Trauerbegleitung. Göttingen: Vandenhoeck & Ruprecht.

Mucksch, N. (2018). Trauernde hören, wertschätzen, verstehen. Die personzentrierte Haltung in der Begleitung (2. Aufl.). Göttingen: Vandenhoeck & Ruprecht.

Onnasch, K., Gast, U. (2011). Trauern mit Leib und Seele. Orientierung bei schmerzlichen Verlusten. Stuttgart: Klett-Cotta.

Rechenberg-Winter, P. (2015). Leid kreativ wandeln. Biografisches Schreiben in Krisenzeiten. Göttingen: Vandenhoeck & Ruprecht.

Rilling, T. (2013). Auf die Füße kommen: Die Zeit der Trauer durchwandern. München: Kösel.

Rosa, H. (2020). Resonanz. Eine Soziologie der Weltbeziehung (3. Aufl.). Frankfurt a. M.: Suhrkamp.

Roser, T. (2014). Sexualität in Zeiten der Trauer. Wenn die Sehnsucht bleibt. Göttingen: Vandenhoeck & Ruprecht.
Roser, T. (2021). ¡Hola! bei Kilometer 410. Mit allen Sinnen auf dem Jakobsweg. Göttingen: Vandenhoeck & Ruprecht.
Roser, T., Fernandez, D., Büssing, A. (2022). Pilgrims on the Way of St. James rather want clarify open processes in life than finding healing: First results of a survey. (Kongress-Poster).
Schupp, J., Gerlitz, J.-Y. (2008). Big-Five-Inventory-SOEP (BFI-S). Doi: https://doi.org/10.6102/zis54 https://zis.gesis.org/skala/Schupp-Gerlitz-Big-Five-Inventory-SOEP-(BFI-S) (12.08.2022).
Sörries, R. (2016). Herzliches Beileid. Eine Kulturgeschichte der Trauer. Darmstadt: Wissenschaftliche Buchgesellschaft.
Steffen, T. (2006). Gender. Stuttgart: Reclam Leipzig.
Wörn, J., Comijs, H., Aartsen, M. (2020). Spousal loss and change in cognitive functioning: An examination of temporal patterns and gender differences. Journal of Gerontology: Psychological Sciences & Social Sciences, 75 (1), 195–206. Doi: 10.1093/geronb/gby104.
Yalom, I., Yalom, M. (2021). Unzertrennlich. Über den Tod und das Leben. München: btb.

Filme/Serien

Estevez, E. (2010). Dein Weg (The Way). USA: Icon Entertainment Int.
Gervais, R. (2019–2022). After Life. Großbritannien: Netflix.
Gilliam, T. (1991). König der Fischer (The Fisher King). USA: Columbia Pictures.
Lee, A. (2005). Brokeback Mountain. USA/Kanada: Alberta Filmworks Inc.
Link, C. (2018). Der Junge muss an die frische Luft. Deutschland: Warner Bros. GmbH.
Lonergan, K. (2016). Manchester by the Sea. USA: Universal Studios.
Lorre, C. (2018–2021). The Kominsky Method. USA: Netflix.
Lynch, D. (1999). The Straight Story. Eine wahre Geschichte (The Straight Story). USA: Senator Film.
MacKinnon, G. (2021). Der Engländer, der in den Bus stieg und bis ans Ende der Welt fuhr (The Last Bus). Großbritannien/Vereinigte Arabische Emirate: Capelight Pictures.
Minghella, A. (1999). Der Englische Patient (The English Patient). USA: Miramax.
Moretti, N. (2001). Das Zimmer meines Sohnes (La stanza del figlio). Italien/Frankreich: Bac Films.
Scherfig, L. (2000). Italienisch für Anfänger (Italiensk for begyndere). Dänemark: Zentropa Entertainments.
Scott, R. (2000). Gladiator. USA: Universal Pictures.

Shyamalan, M. N. (2002). Signs – Zeichen (Signs). USA: Touchstone Pictures.
Takita, Y. (2008). Nokan – Die Kunst des Ausklangs (おくりびと). Japan: Shogakukan Inc.
Ward, V. (1998). Hinter dem Horizont (What Dreams May Come). USA/Neuseeland: PolyGram Filmed Entertainment.
Wortmann, S. (2003): Das Wunder von Bern. Deutschland: Senator Film Produktion.

Songs

Cash, J. (2003). Hurt [Aristides McGarry]. *The Downward Spiral.*
Clapton, E. (1992). Tears in Heaven [Warner Bros. Records]. *Music from the Motion Picture Soundtrack RUSH.*
Grönemeyer, H. (2002). Der Weg [A. Silva/H. Grönemeyer]. *Mensch.*
Grönemeyer, H. (1984). Männer [EMI]. *Männer.*
Mey, R. (2013). Dann mach's gut [Universal Music GmbH]. *Dann mach's gut.*